爱阅读课程化丛书/快乐读书吧

爱阅读

中华名言警句

立 人/主编

无障碍精读版

课外阅读佳作，爱阅读课程化丛书

分级阅读点拨·重点精批详注·名师全程助读·扫清阅读障碍

天地出版社 | TIANDI PRESS

图书在版编目（CIP）数据

中华名言警句 / 立人主编 . — 成都：天地出版社，
2024.8
（爱阅读）
ISBN 978-7-5455-8067-9

Ⅰ . ①中… Ⅱ . ①立… Ⅲ . ①汉语—格言—汇编
Ⅳ . ① H136.33

中国国家版本馆 CIP 数据核字 (2023) 第 247610 号

ZHONGHUA MINGYAN JINGJU

中华名言警句

立　人　主编

—— 阅读·成长 ——

出 品 人	杨　政
项目统筹	田佰根　王　猛　万可彪　赵亚珍
监　　制	刘俊枫　王莉莉
营销策划	田金香　吴　淼
责任编辑	李　倩
责任校对	梁续红
装帧设计	宋双成
排版制作	书香文雅
责任印制	白　雪

出版发行　天地出版社
　　　　　（成都市锦江区三色路 238 号　邮政编码：610023）
　　　　　（北京市方庄芳群园 3 区 3 号　邮政编码：100078）
网　　址　http://www.tiandiph.com
电子邮箱　tianditg@163.com
印　　刷　三河市祥宏印务有限公司
版　　次　2024 年 8 月第一版
印　　次　2024 年 8 月第一次印刷
开　　本　700mm×1000mm　1/16
印　　张　15　　彩插　0.375
字　　数　206 千
定　　价　24.80 元
书　　号　ISBN 978-7-5455-8067-9

曾子立信杀猪

孔融让梨

陈子昂摔琴赠文章

程门立雪

祖逖闻鸡起舞

|总序|

　　北京书香文雅图书文化有限公司的李继勇先生与我联系，说他们策划了一套"爱阅读"丛书，读者对象主要是中小学生，这套书可以作为学生的课外阅读用书，希望我写篇序。作为一名语文教育工作者，为学生推荐优秀课外读物责无旁贷，在最近"双减"政策的大背景下，也更有意义。

一、"双减"以后怎么办？

　　前不久，中共中央办公厅、国务院办公厅印发了《关于进一步减轻义务教育阶段学生作业负担和校外培训负担的意见》，对义务教育阶段学生的作业和校外培训作出严格规定。这是一件好事。曾几何时，我们的中小学生作业负担重，不少孩子不是在各种各样的培训班里，就是在去培训班的路上。孩子们"学"无宁日，备尝艰辛；家长们焦虑不安，苦不堪言。校外培训机构为了增强吸引力，到处挖墙脚；有些老师受利益驱使，不能安心从教。他们的行为破坏了教育生态，违背了教育规律，严重影响了我国教育改革发展。教育是什么？教育是唤醒，是点燃，是激发。而校外培训的噱头仅仅是提高考试成绩，让孩子在中高考中占得先机。他们的广告词是"提高一分，干掉千人"，他们大肆渲染"分数为王"。在这种压力之下，孩子们面对的是"分萧萧兮题海寒"，他们不得不深陷题海，机械刷题。假如只有一部分孩子上培训班，提高的可能是分数。但是，如果大多数孩子或者所有孩子都去上培训班，那提高的就不是分数，而只是分数线。教育的根本任务是立德树人，是培根铸魂，是启智增慧，是让学生德智体美劳全面发展，是培养社会主义建设者和接班人，是为中华民族伟大

1

复兴提供人才，而不是培养只会考试的"机器"，更不能被资本绑架。所以中央才"出重拳""放实招"，目的就是要减轻学生过重的课业负担，减轻家长过重的经济和精神负担。

"双减"政策出台后，学生们一片欢呼，再也不用在各种培训班之间来回奔波了，但家长产生了新的焦虑：孩子学习成绩怎么办？而对学校老师来说，这是一个新挑战、新任务，当然也是新机遇。学生在校时间增加，要求老师提升教学水平，科学合理布置作业，同时开展课外延伸服务，事实上是老师陪伴学生的时间增加了。这部分在校时间怎么安排？如何让学生利用好课外时间？这一切考验着老师们的智慧，而开展各种课外活动正好可以解决这个难题，比如：热爱人文的，可以参加阅读写作、演讲辩论、学习传统文化和民风民俗等社团活动；喜爱数理的，可以参加科普科幻、实验研究、统计测量、天文观测等兴趣小组；也可以参加体育比赛、艺术（音乐、美术、书法、戏剧）体验和劳动教育等实践活动。当然，所有的活动都应以培养学生的兴趣爱好为目的，以自愿参加为前提。学校开展课后服务，可以多方面拓展资源，比如博物馆、图书馆、科技馆、陈列馆、少年宫、青少年活动中心，甚至校外培训机构的优质服务资源，还可组织征文比赛、志愿服务、社会调查等，助力学生全面发展。

二、课外阅读新机遇

近年来，"新课标""新教材""新高考"成为语文教育改革的热词。前不久，我看到一个视频，说语文在中高考中的地位提高了，难度也加大了。这种说法有一定道理，但并不准确。说它有一定道理，是因为语文能力主要指一个人的阅读和写作能力，而阅读和写作能力又是一个人综合素养的体现。语文能力强，有助于学习别的学科。比如：数学、物理中的应用题，如果阅读能力上不去，读不懂题干，便不能准确把握解题要领，也

2

就没法准确答题；英语中的英译汉、汉译英题更是考查学生的语言表达能力；历史题和政治题往往是给一段材料，让学生去分析、判断，得出结论，并表述自己的观点或看法。从这点来说，语文在中高考中的地位提高有一定道理。说它不准确，有两个方面的理由：一是语文学科本来就重要，不是现在才变得重要，之所以产生这种错觉，是因为在应试教育的背景下，语文的重要性被弱化了；二是语文考试的难度并没有增加，增加的只是阅读思维的宽度和广度，考查的是阅读理解、信息筛选、应用写作、语言表达、批判性思维、辩证思维等关键能力。可以说，真正的素质教育必须重视语文，因为语文是工具，是基础。不少家长和教师认为课外阅读浪费学习时间，这主要是教育观念问题。他们之所以有这种想法，无非是认为考试才是最终目的，希望孩子可以把更多时间用在刷题上。他们只看到课标和教材的变化，以为考试还是过去那一套，其实，考试评价已发生深刻变革。目前，考试评价改革与新课标、新教材改革是同向同行的，都是围绕立德树人做文章。中共中央、国务院印发的《深化新时代教育评价改革总体方案》明确指出："稳步推进中高考改革，构建引导学生德智体美劳全面发展的考试内容体系，改变相对固化的试题形式，增强试题开放性，减少死记硬背和'机械刷题'现象。"显然就是要用中高考"指挥棒"引领素质教育。新高考招生录取强调"两依据，一参考"，即以高考成绩和高中学业水平考试成绩为依据，以综合素质评价为参考。这也就是说，高考成绩不再是高校选拔新生的唯一标准，不只看谁考的分数高，还要看谁更有发展潜力、更有创造性、综合素质更高，从而实现由"招分"向"招人"的转变。而这绝不是仅凭一张高考试卷能够区分出来的，"机械刷题"无助于全面发展，必须在课内学习的基础上，辅之以内容广泛的课外阅读，才能全面提高综合素养。

三、"爱阅读"助力成长

这套"爱阅读"丛书是为中小学生量身打造的，符合《义务教育语文课程标准》倡导的"好读书、读好书、读整本书"的课改理念，可以作为学生课内学习的有益补充。我一向认为，要学好语文，一要读好三本书，二要写好两篇文，三要养成四个好习惯。三本书指"有字之书""无字之书"和"心灵之书"，两篇文指"规矩文"和"放胆文"，四个好习惯指享受阅读的习惯、善于思考的习惯、乐于表达的习惯和自主学习的习惯。古人说"读万卷书，行万里路"，实际上就是要处理好读书与实践的关系。对于中小学生来说，读书首先是读好"有字之书"。"有字之书"，有课本，有课外自读课本，还有"爱阅读"这样的课外读物。读书时我们不能眉毛胡子一把抓，要区分不同的书，采取不同的读法。一般说来，有精读，有略读。精读需要字斟句酌，需要咬文嚼字，但费时费力。当然也不是所有的书都需要精读，可以根据自己的需要决定精读还是略读。新课标提倡中小学生进行整本书阅读，但是学生往往不能耐着性子读完一整本书。新课标提倡的整本书阅读，主要是针对过去的单篇教学来说的，并不是说每本书都要从头读到尾。教材设计的练习项目也是有弹性的、可选择的，不可能有统一的"阅读计划"。我的建议是，整本书阅读应把精读、略读与浏览结合起来。精读重在示范，略读重在博览，浏览略观大意即可，三者相辅相成，不宜偏于一隅。不仅如此，学生还可以把阅读与写作、读书与实践、课内与课外结合起来。整本书阅读重在掌握阅读方法，拓展阅读视野，培养读书兴趣，养成阅读习惯。

再说写好两篇文。学生读得多了，素养提高了，自然有话想说，有自己的观点和看法要发表。发表的形式可以是口头的，也可以是书面的，书面表达就是写作。写好两篇文，一篇"规矩文"，一篇"放胆文"。"规矩文"重打基础，"放胆文"更见才气。"规矩文"要求练好写作基本功，包括审题、立意、选材、构思等，同时还要掌握记叙文、议论文、说明文、应用文的基本要领和写作规范。"规矩文"的写作要在教师的指导下进行。"放胆文"则鼓励学生放飞自我、大胆想象，各呈创意、各展所长，尤其是展现自己的应用写作能力、语言表达能力、批判性思维能力和辩证思维能力。"放胆文"的写作可以多种多样，除了写大作文，也可以写小作文。有兴趣的还可以进行文学创作，写诗歌、小说、散文、剧本等。

学习语文还要养成四个好习惯。第一，享受阅读的习惯。爱阅读非常重要。每个同学都应该有自己的个性化书单，有的同学喜欢网络小说也没有关系，但需要防止沉迷其中，钻进"死胡同"。这套"爱阅读"丛书，就给中小学生课外阅读提供了大量古今中外的名家名作。第二，善于思考的习惯。在这个大众创业、万众创新的时代，创新人才的标准，已不再是把已有的知识烂熟于心，而是能够独立思考，敢于质疑，能够自己去发现问题、提出问题和解决问题，需要具有探究质疑能力、独立思考能力、批判性思维和辩证思维能力。第三，乐于表达的习惯。表达的乐趣在于说或写的过程，这个过程比说得好、写得完美更重要。写作形式可以不拘一格，比如作文、日记、笔记、随笔、漫画等。第四，自主学习的习惯。我的地盘我做主，我的语文我做主。不是为老师学，也不是为父母长辈学，而是为自己的精神成长学，为自己的未来学。

愿广大中小学生能借助这套"爱阅读"丛书，真正爱上阅读，插上想象的翅膀，飞向未来的广阔天地！

2021 年 10 月 15 日

写于京东大运河畔之两不厌居

阅读领航

阅读准备

· 作品速览 ·

本书分为"品德修养""读书学习""为人处世""人生真理""成长与励志""个人成长""人生与价值"七个部分，每个部分都有名言警句和蕴含哲理的小故事，孩子们通过阅读，可以获得许多有益的启示。

· 文学特色 ·

一、蕴含哲理，每句名言、每个故事都是启示。

二、主题鲜明，每个故事让人明白一个道理。

三、贴近生活，故事精彩，能提高孩子们的阅读兴趣。

1

爱 国

国耳忘家，公耳忘私。

——贾谊

常思奋不顾身，而殉国家之急。

——司马迁

捐躯赴国难，视死忽如归。

——曹植

国耻未雪，何由成名？

——李白

当须陶忠义，身死报国恩。

——李希仲

一官诚易了，报国何时毕。

——欧阳修

以身许国，何事不敢为？

——岳飞

死去元知万事空，但悲不见九州同。王师北定中原日，家祭无忘告乃翁。

——陆游

人生自古谁无死？留取丹心照汗青。

——文天祥

4

"作品速览"，把握故事全貌、主题意蕴；"文学特色"，发掘作品深刻的文学价值，以增进理解，提高阅读效率。

阅读总结

名家心得

名言警句是众多人物个人智慧的精华，所以没有单一的作者。这些作者通过自己的经验和实践得出的结论和建议，得到广大群众的认可，是经过广大劳动人民实践的结晶。

这本书里有贴近生活的名言和故事，蕴含着丰富的哲理。文字语言通俗易懂，动之以情，晓之以理。字里行间讲述着做人做事的道理，是一本值得阅读的好书。

读者感悟

读完这本书，如沐春风，心中豁然开朗。书中的每句话都告诉我们做人、做事的道理，更让我们坚信只要心中充满爱，世界到处是阳光。做一个善良、正直的少年吧，那样我们将无悔青春！

221

中华名言警句
ZHONGHUA MINGYAN JINGJU

真题演练

1. "曾子立信杀猪"告诉我们一个什么道理呢？

2. 顾恺之有"三绝"，是哪"三绝"呢？

3. 谁被世人誉为"平民诗人"？

223

"名家心得"，听听名家怎么说；"读者感悟"，看看别人怎么想；"阅读拓展"，帮你丰富文学知识，增强艺术感受力；"真题演练"，考查阅读本书后的效果，是对阅读成果的巩固和总结。习题具有一定的延伸性和拓展性，对于没有回答上来的问题，读者可以借此发现阅读上的不足，心中带着疑问，为下一次的精读做好准备。

阅读
准备

阅读
总结

郭子仪不计私怨

名师导读

郭子仪（697—781），华州郑县（今陕西渭南市华州区）人，唐代大将。安史之乱爆发后，郭子仪任朔方节度使，率军勤王，收复河北、河东，拜兵部尚书。唐代宗广德元年（763），长安失陷，郭子仪被再度启用，任关内副元帅，再次收复长安。两年后，吐蕃、回纥再度联兵来犯，郭子仪在泾阳单骑说退回纥，并击溃吐蕃，稳住了关中。

郭子仪和李光弼两人都是唐代名将，都曾为朔方节度使安思顺的部将，两人都很有威望。[1]不过，两人却因为小事产生了一些过节，以致关系僵持起来。

唐玄宗天宝十四载（755），平卢、范阳、河东三镇节度使安禄山起兵叛乱，朝廷急忙调兵遣将应对。这时有人向朝廷推荐郭子仪，说他善于领兵打仗，出任大将后一定能打败安禄山。于是唐玄宗任命郭子仪为朔方节度使，统领唐军平叛。这样一来，李光弼就

转折——

虽然郭子仪和李光弼都是很有威望的名将，但是他们之间产生了一点儿芥蒂。此处的转折为后文做铺垫，引领下文。

15

名师导读

或介绍本章人物，或介绍章节内容，提高读者阅读兴趣。

名师点评

名师妙语，见解独特，视角新颖。

精华赏析

评点章节要旨，发人深省。

延伸思考

开拓思维，启迪智慧。

相关链接

在轻松阅读中开阔视野。

爱阅读
AI YUEDU

暖心画面

曾子的家并不富有，一头猪可以说是家里很重要的财产，可是为了兑现对儿子许下的诺言，曾子不惜磨刀杀猪，并借此机会向妻子讲解诚信对教育孩子的重要性，最后让妻子心悦诚服。

延伸思考

1. 曾子为什么要杀猪？
2. 曾妻为什么见到曾子要杀猪便急得尖叫？
3. 这个故事让我们明白了一个什么道理？

相关链接

相传曾子著有儒家经典《大学》。《大学》开宗明义地提出了三纲（明明德、亲民、止于至善）和八目（格物、致知、诚意、正心、修身、齐家、治国、平天下），构成了一套完整的封建伦理道德的政治哲学体系。《大学》与《论语》《孟子》《中庸》合称"四书"。

24

Contents

目录

阅读准备

·作品速览·

本书分为"品德修养""读书学习""为人处世""人生真理""成长与励志""个人成长""人生与价值"七个部分，每个部分都有名言警句和蕴含哲理的小故事，孩子们通过阅读，可以获得许多有益的启示。

·文学特色·

一、蕴含哲理，每句名言、每个故事都是启示。

二、主题鲜明，每个故事都让人明白一个道理。

三、贴近生活，故事精彩，能提高孩子们的阅读兴趣。

品德修养

爱 国

国耳忘家，公耳忘私。

——贾谊

常思奋不顾身，而殉国家之急。

——司马迁

捐躯赴国难，视死忽如归。

——曹植

国耻未雪，何由成名？

——李白

当须殉忠义，身死报国恩。

——李希仲

一官诚易了，报国何时毕。

——欧阳修

以身许国，何事不敢为？

——岳飞

死去元知万事空，但悲不见九州同。王师北定中原日，家祭无忘告乃翁。

——陆游

人生自古谁无死？留取丹心照汗青。

——文天祥

一寸丹心图报国，两行清泪为思亲。

——于谦

风声、雨声、读书声，声声入耳；家事、国事、天下事，事事关心。

——顾宪成

丈夫不报国，终为愚贱人。

——陈恭尹[1]

一片丹心图报国，千秋青史胜封侯。

——陈璧[2]

人民不仅有权爱国，而且爱国是义务，是一种光荣。

——徐特立[3]

惟有民魂是值得宝贵的，惟有他发扬起来，中国才有真进步。

——鲁迅[4]

爱国的主要方法，就是要爱自己所从事的事业。

——谢觉哉[5]

锦绣河山收拾好，万民尽作主人翁。

——朱德

恨不抗日死，留作今日羞。国破尚如此，我何惜此头。

——吉鸿昌[6]

---

[1] 陈恭尹（1631—1700），字元孝，初号半峰，晚号独漉子，又号罗浮布衣，广东顺德人。
[2] 陈璧（1852—1928），字玉苍、佩苍、雨苍，晚号苏斋，福建闽侯人。
[3] 徐特立（1877—1968），原名懋恂，字师陶，湖南长沙县五美乡（今长沙县江背镇）人。中国无产阶级革命家、教育家。
[4] 鲁迅（1881—1936），曾用名周樟寿，后改名周树人，浙江绍兴人。著名文学家、思想家和革命家，五四新文化运动的重要参与者，中国现代文学的奠基人。
[5] 谢觉哉（1884—1971），原名维鋆，字焕南，湖南宁乡人。中国无产阶级革命家。
[6] 吉鸿昌（1895—1934），河南扶沟人。抗日英雄，爱国将领。

我死国生，我死犹荣，身虽死精神长生，成功成仁，实现大同。

——赵博生[1]

为中华之崛起而读书。

——周恩来

宁做流浪汉，不当亡国奴。

——丰子恺

祖国如有难，汝应作前锋。

——陈毅[2]

我荣幸地以中华民族一员的资格，而成为世界公民。我是中国人民的儿子，我深情地爱着我的祖国和人民。

——邓小平[3]

我爱我的祖国，爱我的人民，离开了她，离开了他们，我就无法生存，更无法写作。

——巴金

锦城虽乐，不如回故乡；乐园虽好，非久留之地。归去来兮。

——华罗庚

---

[1] 赵博生（1897—1933），河北黄骅人。革命烈士，红军将领。
[2] 陈毅（1901—1972），字仲弘，四川乐至人。中国无产阶级革命家、军事家、外交家、中华人民共和国十大元帅之一，中国人民解放军创建人和领导人。
[3] 邓小平（1904—1997），原名先圣，四川广安人。马克思主义者，中国无产阶级革命家、政治家、军事家、外交家，中国共产党、中国人民解放军、中华人民共和国的主要领导人，中国社会主义改革开放和现代化建设的总设计师，中国特色社会主义道路的开创者，邓小平理论的主要创立者，以毛泽东同志为核心的中国共产党第一代中央领导集体的重要成员，中华人民共和国开国元勋之一，中国共产党第二代中央领导集体的核心。

我生平优点不多，但自谓爱国不敢后人，即使把我烧成了灰，每一粒灰也还是爱国的。

——季羡林[1]

我个人仅仅是沧海一粟，真正伟大的是党、人民和我们的国家。

——钱学森[2]

英勇非无泪，不洒敌人前。男儿七尺躯，愿为祖国捐。

——陈辉[3]

---

[1] 季羡林（1911—2009），字希逋，山东清平康庄（今属临清）人。语言学家、翻译家、学者。

[2] 钱学森（1911—2009），浙江杭州人。世界著名科学家，空气动力学家，中国载人航天奠基人，中国导弹、原子弹研发和制造主要人员之一。

[3] 陈辉（1920—1945），原名吴盛辉，湖南常德人。抗日烈士，革命诗人。

苏武北海牧羊

名师导读

苏武（约前140—前60），字子卿，杜陵（今陕西西安）人，西汉大臣。汉武帝天汉元年（前100），他奉命以中郎将的身份持节出使匈奴，被扣留。匈奴贵族多次对他威胁利诱，欲使其投降，后又将他迁到北海（今贝加尔湖）边牧羊，扬言要公羊生子方可放他回国。苏武历尽艰辛，留居匈奴十九年，持节不屈。在汉昭帝始元六年（前81），获释归汉。

❶叙述

匈奴为了保存实力，向汉朝求和。汉武帝很高兴，派苏武出使匈奴。引领下文，吸引读者的阅读兴趣。

西汉统治中原的时候，北方匈奴经常骚扰边境地区。经过几次大的反攻，匈奴被打败了，但仍野心不死。为了保存实力，匈奴单于几次派使者去汉朝求和，还把以前扣留的汉朝使者放了回来。❶汉武帝很高兴，便于天汉元年派大臣苏武以中郎将的身份带了大批礼物出使匈奴。

临行前，汉武帝交给苏武一根旄节。旄节是古代使者所持符节，以牦牛尾为饰，用作信物。

苏武一行人晓行夜宿，历尽千辛万苦，终于到达匈奴，圆满地完成了任务。谁料就在即将返回之际，却发生了一件出人意料的事情。匈奴内部发生政变，苏武和副将张胜，还有随员常惠等受到牵连，被关押了起来。

单于为了降服苏武，命令汉朝的叛徒卫律游说苏武。苏武一见卫律这个叛徒，怒不可遏，痛斥其丑恶嘴脸。苏武坚定地说：①"我是汉朝的使者，如果丧失了气节，使国家受辱，活下去还有什么脸面见人呢？"说着，他拔出佩刀朝自己身上猛刺。顿时，血流如注，他昏倒在地。卫律大吃一惊，如果苏武这样死去，他怎么向单于交差呢？于是他立即叫来大夫医治苏武，又把实情向单于做了汇报。

❶语言描写……
这句话表现了苏武坚持民族气节、坚贞不屈的品质。

单于看苏武这样坚定，更加希望苏武能够投降。他又想出了更阴险、更毒辣的办法。他叫人把苏武关在一个大地窖里，不给吃的、喝的，想用寒冷和饥饿迫使苏武屈服。不久，他又把苏武流放到北海边放羊，并对他说："等公羊生了小羊，再送你回你的大汉去。"②公羊怎么能生小羊呢？这摆明了是单于故意刁难苏武。

❷反问……
这句话采用反问的方式，表明匈奴单于是不会放苏武回汉朝的。

北海一无房子，二无粮食，环境十分艰苦。苏武饿得没有办法的时候，就掘开野鼠洞，拿洞里的草籽来充饥。他一面牧羊，一面天天抚弄着汉武帝亲手交给他的旄节，他相信总会有一天，自己能够拿着旄节回到汉朝。

日子久了，旄节上的牦牛尾饰逐渐脱落了，旄节成了一根光秃秃的棍子。但苏武一直将它握在手里，连睡觉的时候，也紧紧地抱在胸前。

一次大雪过后，苏武拿着旄节正在牧羊，忽然看见一个匈奴官员带着随员过来了。苏武定睛一看，发现来人是曾经的汉朝将军李陵，在汉朝时他俩很要好。苏武出使匈奴的第二年，李陵受到匈奴的围困，兵败后不得已投降了匈奴。这之后，李陵一直不敢去见苏武。过了十多年，单于派李陵到北海来见苏武。

①李陵摆出单于命人准备的酒食，与苏武边吃边谈。李陵诚恳地对苏武说："单于听说我和你交情深厚，所以让我来劝说你，他真心希望你能成为他的臣子。先前，你的大哥因被指控为大不敬，伏剑而死；你的弟弟因追捕逃犯不力而服毒自尽。你走后，你的母亲去世了，你的妻子也改嫁了，你的两个妹妹、两个女儿和一个儿子这十多年也不知是死是活……你受了这么多苦，即使坚守信义又有谁能看见呢？希望你能听从我的劝告啊！"

听了李陵的话，苏武斩钉截铁地说："我是汉人，我不能背叛朝廷，就是把刀架在我的脖子上，我也是这句话。如果你一定要逼着我投降匈奴，我就死在这里……"说罢，他就要拔刀自刎。

李陵连忙抱住他，流着眼泪说：②"唉，你真是一位有正气的人啊！相比之下，我和卫律真是罪该万死啊！"说完，他痛哭流涕地告别苏武离开了。从此以后，再没有人来劝降苏武。苏武继续在北海牧羊，过着非人的生活，一晃十九年过去了。

❶ 动作描写

这些动作描写说明匈奴人为了让苏武投降，用了各种办法。找来好朋友边吃边谈，揭示了单于不达目的不罢休的性格。

❷ 语言描写

这两句话说明李陵虽然投降了匈奴，但是也很无奈，心里充满了悔恨，反衬出苏武坚定的信念和决心。

后来，匈奴又发生了内乱，没有力量再跟汉朝打仗，又只得派使者去汉朝求和。此时，汉昭帝已经即位，他也派使者到匈奴去，要单于把苏武放回汉朝。

唐代大诗人李白曾写了《苏武》一诗来颂扬苏武坚韧不拔的精神。诗曰：① "苏武在匈奴，十年持汉节。白雁上林飞，空传一书札。牧羊边地苦，落日归心绝。渴饮月窟冰，饥餐天上雪。东还沙塞远，北怆河梁别。泣把李陵衣，相看泪成血。"

❶引用

李白的诗，描写了苏武不屈不挠的一生，歌颂了苏武炽热的爱国情怀。

苏武出使匈奴时，不过四十岁，回汉朝时，头发、胡须已经全白了。他受到了长安城老百姓的热烈迎接，人们颂扬他刚直不阿、北海牧羊的事迹。

精华赏析

通过苏武牧羊的故事，我们深深体会到人要懂得爱国，要忠于国家，关乎国家利益的事，面对任何威逼利诱都不能低头。

延伸思考

1. 苏武为什么不投降匈奴？

2. 李陵见到苏武宁死不屈的时候为什么流泪了？

3. 故事体现了苏武的什么精神？

相关链接

李陵（？—前74），字少卿，西汉陇西成纪（今甘肃静宁西南）人，西汉将领。曾率军与匈奴作战，为单于大军所包围，力战之后因矢尽援绝而降。汉武帝夷其三族，致使其彻底与汉朝断绝关系。其一生充满国仇家恨的矛盾，因而对他的评价一直存在争议。

宽 容

宽以济猛，猛以济宽，政是以和。

——左丘明

日月称其明者，以无不照；江海称其大者，以无不容。

——曹植

自出洞来无敌手，得饶人处且饶人。

——善棋道人

得放手时须放手，得饶人处且饶人。

——关汉卿

惟宽可以容人，惟厚可以载物。

——薛瑄[1]

遇方便时行方便，得饶人处且饶人。

——吴承恩

事不三思终有悔，人能百忍自无忧。

——冯梦龙[2]

海纳百川，有容乃大；壁立千仞，无欲则刚。

——林则徐

---

[1] 薛瑄（1389 或 1392—1464），字德温，号敬轩，河津（今属山西）人。明代理学家。
[2] 冯梦龙（1574—1646），字犹龙、耳犹、子犹，号龙子犹、茂苑野史等。明代文学家、戏曲家。

开诚心，布大度。

——康有为[1]

腹中天地阔，常有渡人船。

——朱德

没有一种人性的弱点是我所不能原谅的，但有的是出于同情，有的是出于鄙夷。

——周国平[2]

宽容就如同自由，只是一味乞求是得不到的，只有永远保持警惕，才能拥有。

——汪国真[3]

---

[1] 康有为（1858—1927），原名祖诒，字广厦，号长素，广东南海丹灶（今属佛山市南海区）人。中国近代思想家、维新派领袖，后为保皇会首领。

[2] 周国平，1945年生于上海，学者、作家。代表作有《人与永恒》《人生哲思录》《善良丰富高贵》《守望的距离》等。

[3] 汪国真（1956—2015），生于北京，祖籍福建厦门。当代诗人、书画家。

郭子仪不计私怨

名师导读

　　郭子仪（697—781），华州郑县（今陕西渭南市华州区）人，唐代大将。安史之乱爆发后，郭子仪任朔方节度使，率军勤王，收复河北、河东，拜兵部尚书。唐代宗广德元年（763），长安失陷，郭子仪被再度启用，任关内副元帅，再次收复长安。两年后，吐蕃、回纥再度联兵来犯，郭子仪在泾阳单骑说退回纥，并击溃吐蕃，稳住了关中。

　　郭子仪和李光弼两人都是唐代名将，都曾为朔方节度使安思顺的部将，两人都很有威望。①不过，两人却因为小事产生了一些过节，以致关系僵持起来。

　　唐玄宗天宝十四载（755），平卢、范阳、河东三镇节度使安禄山起兵叛乱，朝廷急忙调兵遣将应对。这时有人向朝廷推荐郭子仪，说他善于领兵打仗，出任大将后一定能打败安禄山。于是唐玄宗任命郭子仪为朔方节度使，统领唐军平叛。这样一来，李光弼就

❶转折

　　虽然郭子仪和李光弼都是很有威望的名将，但是他们之间产生了一点儿矛盾。此处的转折，为后文做铺垫，引领下文。

15

成了郭子仪的部下了。

大敌当前，郭子仪并没有因为自己的升迁而沾沾自喜，而是觉得责任重大。为了国事，他一直想化解与李光弼之间的过节。他知道李光弼也是一名得力的干将，在军队中颇有威望，如果他拒绝与自己合作，那么肯定会使军心不稳。军心不稳，取胜的希望就非常渺茫，所以他必须想出一个万全之策，以解决两人之间的矛盾。

这时，安禄山正率领叛军气势汹汹杀奔而来，唐玄宗一连下了几道诏书，急令郭子仪马上率部出征。①郭子仪想，在出征之前一定要和李光弼开诚布公地好好谈一次，大家先放下个人私怨，以国家大局为重。而此时，李光弼的心情也非常复杂，他担心郭子仪一朝大权在握，就趁机报复自己。他思前想后，顾虑重重，终于硬着头皮来到郭子仪的营帐里，打算向郭子仪低头认错。

走进营帐，只见郭子仪正坐在大帐里，借着昏暗的烛光仔细研究着行军图。李光弼冲着郭子仪单膝一跪，不服气地说道："郭大将军，过去都是我的错，得罪了您。今后不论您怎样处置我，我都认了，只希望您不要牵连我的家人……"

没等李光弼说完，郭子仪赶忙上前一把将李光弼扶起来，说：②"现在都什么时候了，还说这些。国家已经到了生死存亡的危急关头，正需要你我一同为

❶心理描写

这句话是对郭子仪的心理进行的描写，虽然他和李光弼之间有点儿矛盾，但是大敌当前，他还是想和李光弼冰释前嫌，体现了他以国家利益为重的格局。

❷语言描写

这段语言描写，表现了郭子仪胸怀宽广、不计较个人得失、一切以大局为重的品质。

国效力。特别是你这样的人才，是国家最需要的啊！难道我们还要像过去那样计较个人恩怨吗？"

李光弼见郭子仪胸怀坦荡，深受感动，当即和郭子仪对拜，并表示从今往后，一定会尽弃前嫌，以国事为重。

从此，郭子仪、李光弼化干戈为玉帛，出征时在官兵面前共同表示齐心抗敌，并希望三军将士以他们二人为表率，放下私人恩怨。① 这一举动极大地鼓舞了士气，官兵浩浩荡荡开赴前线。此后郭、李二人协同作战，所到之处，叛军闻风丧胆。几年后，他们终于平定了叛乱。

❶ 叙述

郭子仪和李光弼放下私人恩怨，齐心协力共同抗敌的行为，鼓舞了唐军的士气，为后来平定叛乱奠定了坚实的基础。

精华赏析

生活中我们难免会与别人产生摩擦、误会，甚至起冲突，这时千万别忘了宽容。宽容是温暖明亮的阳光，可以融化人冰冷的内心，让这个世界充满浓浓的暖意。

延伸思考

1. 大敌当前，郭子仪和李光弼计较个人恩怨了吗？

2. 当郭子仪接到任命的时候，他首先想到的是什么？

3. 这个故事告诉了我们一个什么道理呢？

相关链接

安史之乱是唐朝将领安禄山、史思明发动的叛乱，自天宝十四年（755）持续到广德元年（763），前后历时八年，严重破坏了唐朝的生产发展，为唐朝由盛而衰的转折点。

诚　信

人而无信，不知其可也。

——《论语》

言不信者，行不果。

——《墨子》

诚者，天之道也；思诚者，人之道也。

——《孟子》

小信诚则大信立。

——《韩非子》

人背信则名不达。

——刘向

若有人兮天一方，忠为衣兮信为裳。

——卢照邻[1]

诚者，圣人之本，百行之源也。

——周敦颐

自谋不诚则欺心而弃己，与人不诚则丧德而增怨。

——《二程集》

---

[1]卢照邻（约637—约686），字昇之，幽州范阳（今河北涿州）人。唐代诗人。

以实待人，非唯益人，益己尤人。

——杨简[1]

大丈夫以信义为重。

——罗贯中

人生须知负责任的苦处，才能知道尽责任的乐趣。

——梁启超[2]

对人以诚信，人不欺我；对事以诚信，事无不成。

——冯玉祥[3]

肯说真话，敢驳假话，不说狂话。

——陶行知[4]

---

[1] 杨简（1141—1225），字敬仲，号慈湖，世称"慈湖先生"，慈溪（治今浙江宁波慈城镇）人。南宋理学家，著作编为《慈湖遗书》。
[2] 梁启超（1873—1929），字卓如，号任公，又号饮冰室主人，广东新会（今江门市新会区）人。中国近代维新派领袖、学者。
[3] 冯玉祥（1882—1948），字焕章，安徽巢县（今巢湖市）人。中国国民党爱国将领。
[4] 陶行知（1891—1946），原名文濬，安徽歙县人。教育家。

曾子立信杀猪

名师导读

　　曾子（前505—前434），名参，字子舆，春秋末鲁国南武城（一说为今山东嘉祥南，一说为今山东平邑南）人。孔子的弟子，儒家学派的重要代表人物。一生积极实践和推行以"孝恕忠信"为核心的儒家主张，传播儒家思想。

　　曾参，是孔子的得意门生。他博学多才，诚实守信，因此人们都尊称他为曾子。

　　有一天，曾子的儿子正在和小伙伴们玩耍，其中一个孩子要赖，说话不算数，结果孩子们闹得不欢而散。于是曾子的儿子就把这件事情告诉了父亲，曾子教育孩子说：① "小孩子应该说话算数，要说到做到。做不到的时候千万不能轻易答应，不然，别人会以为你说谎，不讲信用。"儿子听了父亲的话，用力地点了点头。

❶语言描写
　　这两句话描写了曾子的语言，说明曾子是一个信守承诺的人。

　　第二天上午，曾子的妻子要到集市上买东西。曾子的儿子哭闹着要和母亲一起去。那个时候去趟集市，对于孩子来说是一件非常兴奋的事情，因为集市上有他们喜欢的糖果。曾妻劝儿子说："乖孩子，娘到集市上要买好多东西，那里的人太多，路又远，娘一个人带着你实在不方便，你老老实实地在家待着和小朋友们玩吧！"① 可儿子就是不肯撒手，依旧拉着母亲的衣角哭哭啼啼。正在屋里读书的曾子听到儿子的哭声，连忙出来帮助妻子劝儿子。说要给孩子讲故事，或者去野外捉蝴蝶。孩子哭着说："爹爹的故事都听腻了，蝴蝶也不稀罕。"曾子也没办法，只好劝妻子带孩子去。可是妻子仍旧不肯同意。孩子哭得更伤心了。

眼看就要到中午了，再不出发，今天就赶不回来了。正当曾妻无计可施时，她突然看到了猪圈里正在吃食的猪。她想儿子最爱吃红烧肉了，于是对儿子说："乖孩子，只要你安心在家，等我赶集回来，就把咱家的猪杀了，给你做红烧肉。"② 孩子一听顿时来了精神，既不哭了，也不闹了，高兴地放母亲走了。

太阳快落山的时候，曾妻从集市上买完东西回来了。刚进家门，就看见家里养的那头猪已经被捆了起来，曾子正在磨刀，准备杀猪。儿子也站在父亲的身边，高兴得手舞足蹈。儿子看到母亲回来了，就蹦蹦跳跳地迎上去说："爹爹要给我杀猪了，我要吃肉了。"曾妻见此情景，急得尖叫起来，赶紧过来阻止。她气冲冲地质问曾子："你疯了，今天既不是过年又不是过节，也没有贵客临门，你杀猪干什么？"曾子反问：

❶动作描写
这句话是对曾子之子动作的描写，说明他非要跟着母亲去集市，让母亲也很着急，为下文做了铺垫。

❷神态描写
这句话是对曾子之子神态的描写，说明他非常喜欢吃红烧肉，当听到母亲说赶集回来就杀猪给他做红烧肉时，便高兴地放母亲走了。

“你临走的时候，不是对儿子说只要他不哭，晚上就给他杀猪做红烧肉吗？”曾妻这才想起上午哄骗儿子的话，忙说：“我那是哄骗他呢，怎么你也当真了！”[①]孩子听到母亲这样说，小嘴一噘，眼泪流了出来。

这时，曾子语重心长地对妻子说：“你要知道，孩子是哄骗不得的。儿子年幼，什么都不懂，只会学父母的样子，相信父母的话。父母的一言一行，都会在孩子的脑海里打下深深的烙印。因此，做父母的一定要言而有信，说话算数。怎么能哄骗他呢？[②]俗话说‘有其父必有其子’。如果父母不诚实，孩子就会撒谎；如果父母不守信用，孩子便会经常骗人。难道你愿意让我们的儿子养成说话不算话，经常骗人的坏习惯吗？你现在想想，这猪到底该不该杀？”

曾妻觉得曾子的话有道理。她当然不想让儿子养成说谎的毛病，而是希望儿子像曾子一样，成为一个“言必信，行必果”的人。于是，她就挽起袖子，帮助曾子把猪给杀了。晚上，儿子高高兴兴地吃了一顿红烧肉。

❶细节描写

当儿子听到母亲说是哄骗自己的时候，他伤心地哭了，说明母亲的话已经伤到了儿子，反衬出信守承诺对教育孩子的重要性。

❷引用

引用俗语，说明曾子不想让儿子学会说谎，希望孩子做一个讲信用的人。

精华赏析

曾子的家并不富有，一头猪可以说是家里很重要的财产，可是为了兑现对儿子许下的诺言，曾子不惜磨刀杀猪，并借此机会向妻子讲解诚信对教育孩子的重要性，最后让妻子心悦诚服。

延伸思考

1.曾子为什么要杀猪？

2.曾妻为什么见到曾子要杀猪便急得尖叫？

3.这个故事让我们明白了一个什么道理？

相关链接

相传曾子著有儒家经典《大学》。《大学》开宗明义地提出了三纲（明明德、亲民、止于至善）和八目（格物、致知、诚意、正心、修身、齐家、治国、平天下），构成了一套完整的封建伦理道德的政治哲学体系。《大学》与《论语》《孟子》《中庸》合称"四书"。

节 俭

克勤于邦，克俭于家。

——《尚书》

俭节则昌，淫佚则亡。

——《墨子》

强本而节用，则天不能贫。

——《荀子》

家有千金之玉，不知治，犹之贫也。

——韩婴[1]

处逸乐而欲不放，居贫苦而志不倦。

——王充[2]

静以修身，俭以养德。

——诸葛亮

珠玉买歌笑，糟糠养贤才。

——李白

历览前贤国与家，成由勤俭破由奢。

——李商隐

---

[1] 韩婴（生卒年不详），燕（郡治今北京）人。西汉今文诗学"韩诗学"的开创者。
[2] 王充（27—约97），字仲任，会稽上虞（今属浙江绍兴）人。东汉思想家。

奢者心常贫，俭者心常富。

——谭峭[1]

用不节，财何以丰；民不苏，国何以安。

——林逋[2]

俭约，所以彰其美也。

——司马光

天下之事，常成于勤俭而败于奢靡。

——陆游

一日一钱，千日千钱。

——罗大经

从来好事天生俭，自古瓜儿苦后甜。

——白朴

坐吃山空，立吃地陷。

——秦简夫[3]

节俭朴素，人之美德。

——薛瑄

不患不富，患不知节。

——张居正

---

[1] 谭峭（生卒年不详），字景升，泉州（今属福建）人。五代道士，学者，著有《化书》六卷。

[2] 林逋（967—1028），字君复，卒谥和靖先生，后人称之为林和靖，钱塘（今浙江杭州）人。北宋著名隐逸诗人。

[3] 秦简夫（生卒年不详），大都（今北京）人。元代戏曲作家，所作杂剧今知有五种，现存《赵礼让肥》《东堂老》《剪发待宾》三种。

治家以勤俭为本。

——冯梦龙

一粥一饭，当思来处不易；半丝半缕，恒念物力维艰。

——朱柏庐[1]

家勤则兴，人勤则健；能勤能俭，永不贫贱。

——曾国藩[2]

俭朴的生活，不但可以使精神愉快，而且可以培养革命品质。

——徐特立

奢侈和淫靡只是一种社会崩溃腐化的现象，决不是原因。

——鲁迅

从俭入奢易，从奢入俭难。勤俭建国家，永久是真言。

——朱德

清贫、洁白朴素的生活，正是我们革命者能够战胜许多困难的地方。

——方志敏[3]

---

[1] 朱柏庐（1617—1688），名用纯，字致一，号柏庐，清江南昆山（今属江苏）人。明末清初理学家、教育家。

[2] 曾国藩（1811—1872），原名子城，字伯涵，号涤生，湖南湘乡（今属双峰）人。中国近代政治家、战略家、理学家、文学家，湘军的创立者和统帅。

[3] 方志敏（1899—1935），原名远镇，号惠生，江西弋阳人。中国无产阶级革命家、军事家。

隋文帝提倡节俭

名师导读

　　隋文帝杨坚（541—604），弘农华阴（今属陕西）人，隋朝开国皇帝。杨坚在位期间，军事上攻灭陈国，结束南北朝分立局面，统一全国；经济上继续推行均田制，扩大垦田，削弱豪强，减轻课役，兴修水利，使得府库充盈，人口大增。

　　隋文帝杨坚南征北战，结束了南北朝分立局面，统一了全国。

　　他在位期间，关心百姓疾苦，提倡节俭，严厉打击贪官污吏。

　　一次，杨坚要召集几位皇子讨论国家大事。

❶心理描写

这是对太子杨勇心理的描写，他希望得到父亲的认可，所以想要穿得华丽且与众不同。

　　太子杨勇为了在众人面前突出自己，特意吩咐家人为他准备了一套华丽的衣服。他想：^①父亲本来就对我的印象很好，如果我穿得漂亮，父亲肯定会更加喜欢我的。

　　于是，他穿上新衣服，对着镜子来来回回地打扮了好几遍，直到自己认为满意才出发。见到其他几位皇子后，杨勇看他们的衣服果然没自己的好，心里更得意了。

哪知隋文帝见到杨勇的穿着竟大发雷霆，当众斥责杨勇说："我从小就教导你要节俭。①百姓生活还很苦，有的人还没有饭吃。看看你穿的衣服，得花多少钱，都够穷人吃一年的饭了。"

杨勇被父亲说得脸上红一阵白一阵，他立即向父亲道歉说："父亲，我只想讨您喜欢。我知道错了，马上就把这件衣服退了。"

杨坚感叹地说："孩子们，今天我只教训了太子，并不是你们都没错。今后大家要引以为戒，如果谁乱花钱被我抓住了，绝不轻饶。"

后来，中原地区发生旱灾，杨坚十分关注灾民的生活，派人去察看灾情。

不久，杨坚收到一包灾民吃的粮食，那是用豆屑和糠拌成的。他将其拿给大臣们看，并流着泪说："我无德无能，让百姓跟着受苦了。"

于是，他给自己规定：今后吃饭不大摆宴席，不带酒带肉。此后一年多的时间里，他都没有喝酒吃肉。杨坚倡导节俭，以身作则，赢得了百姓的爱戴，也为后人做出了榜样。

❶语言描写
当隋文帝看到太子的衣服的时候，首先想到的是那些没有饭吃的百姓，说明隋文帝关心百姓疾苦，反对铺张浪费。

✒读书笔记

精华赏析

勤俭节约是我们中华民族的传统美德。身为一代帝王，隋文帝杨坚以身作则，提倡节俭，为百姓做出了榜样。

延伸思考

1.太子杨勇想要隋文帝关注他，他是怎么做的？

2.隋文帝看到灾民吃的粮食后，有何表现？

3.你觉得隋文帝是个怎样的皇帝呢？

相关链接

581年，杨坚取代北周称帝，国号"隋"。开皇三年（583），定都大兴（今陕西西安）。开皇九年（589），灭陈，统一全国。隋朝的疆域东、南到海，西到今新疆东部，西南至云南、广西和越南北部，北到大漠，东北至辽河。大业七年（611）起，各地农民相继起义，隋朝土崩瓦解。大业十四年（618），隋炀帝被杀于江都（今江苏扬州），隋朝灭亡。

修 养

不修其身，虽君子而为小人；能修其身，虽小人而为君子。

——欧阳修

有教养的人或受过理想教育的人，不一定是个博学的人，而是个知道何所爱何所恶的人。

——林语堂[1]

科学可以增加人的积极知识，但不能提高人的境界。

——冯友兰[2]

修养的花儿在寂静中开过去了，成功的果子便要在光明里结实。

——冰心[3]

如烟往事俱忘却，心底无私天地宽。

——陶铸

人啊，你要有善良的心，丰富的心灵，高贵的灵魂，这样你才无愧于人的称号，你才是作为真正的人在世间生活。

——周国平

---

[1] 林语堂（1895—1976），原名和乐，福建龙溪（今漳州）人。现代作家、学者、翻译家、语言学家。

[2] 冯友兰（1895—1990），字芝生，河南唐河人。现代哲学家、哲学史家。

[3] 冰心（1900—1999），原名谢婉莹，福建长乐（今福州市长乐区）人。中国诗人、现代作家、翻译家、儿童文学作家。

王拱辰讲诚信

名师导读

王拱辰（1012—1085），原名王拱寿，字君贶，北宋开封府咸平（今河南通许）人。天圣八年（1030），考中状元，任怀州通判，入集贤院。庆历元年（1041），任翰林学士。累拜御史中丞，累官武汝军节度使。

王拱辰是北宋人，自幼家境贫寒，他很小的时候父亲就去世了，因为他是长子，所以家庭的重担就落在了他的身上。他孝顺母亲，生活俭朴，诚实守信，经常受到乡里人的夸奖。

❶强调
这句话在文中起强调作用，说明王拱辰很喜欢读书，而且非常刻苦。

❶王拱辰喜欢读书，而且非常刻苦，有时半夜醒来也要翻一翻书。

王拱辰经过不懈的努力，十几岁的时候，就已经成为远近闻名的才子了。他参加了乡试和会试后，因为成绩优秀，就到京城参加皇帝亲自主持的殿试。

皇帝认真审阅了每一个考生的考卷，发现王拱辰的文章不仅立论新颖、见解独到，而且文笔流畅、极富才华，于是把他定为状元。

第二天，皇帝把前三名考生召集到大殿上，当着文武百官的面宣读了他们的名次。其他两个考生赶紧跪下磕头谢恩，王拱辰却没有谢恩，他说：① "陛下，我不配当状元，请您把状元给别人吧。"

百官听了都议论纷纷："科举考试已有好几百年的历史了，从没听说哪个人把到手的状元往外推，这真是天下奇闻。"皇帝也很纳闷儿，就问他为什么。

王拱辰说："陛下，这次考试的题目不久前我做过。如果我不说出来当了状元，就是不诚实。从小到大我都没有说过谎话，我不想因此一辈子良心不安。"

② 皇帝听后，非常感动。他很赏识王拱辰的诚实，认定他将来一定会成为国家的栋梁，于是说："此前做过考题，是因为你勤奋；况且，从你的文章里可以看出你是有真才实学的，理应中状元；再说，你敢于说真话，这才是一个状元应该具有的品质，你的诚实比你的才华更可贵。因此，朕一定要选你做状元，你就不要推辞了。"

就这样，王拱辰成了历史上有名的诚信状元。

❶语言描写

对王拱辰的语言描写，让读者也一头雾水，怎么还会有人把自己的状元让给别人呢？因此引起读者的阅读兴趣。

❷叙述

皇帝听王拱辰说明理由后深受感动，表明皇帝是一位明君，知道王拱辰是栋梁之材。

精华赏析

修养，儒家指通过内心反省培养完善的人格。朱熹在《近思录》卷二引程颐的话说："修养之所以引年……皆工夫到这里，则有此应。"后也指逐渐养成的在待人处事方面的正确态度。

延伸思考

1. 王拱辰为什么要把状元让给别人？
2. 皇帝认为王拱辰是一个怎么样的人？
3. 这个故事让我们学到了什么？

相关链接

科举考试将名列第一者称为"元"，乡试第一称"解元"，会试第一称"会元"，殿试第一称"状元"。唐制，举人赴京应礼部试者皆须投状，因称居首者为"状头"，故有"状元"之称。宋代亦称一甲第一、二、三名为"状元"。元代以后始为文、武科殿试第一名之专称。中状元者号为"大魁天下"，为科名中最高荣誉。

礼 貌

仓廪实，则知礼节；衣食足，则知荣辱。

——管仲[1]

礼之用，和为贵。

——《论语》

人无礼则不生，事无礼则不成，国家无礼则不宁。

——《荀子》

礼之大本，以防乱也。

——柳宗元[2]

人无礼而何为，财非义而不取。

——施耐庵

富者有礼高质，贫者有礼免辱，父子有礼慈孝，兄弟有礼和睦，夫妻有礼情长，朋友有礼义笃，社会有礼祥和。

——季羡林

---

[1] 管仲（？—前645），名夷吾，字仲，颍上（颍水之滨）人。春秋初期著名政治家。
[2] 柳宗元（773—819），字子厚，河东解县（今山西运城西南）人。唐代文学家、哲学家。
"唐宋八大家"之一。

孔融让梨

名师导读

　　孔融（153—208），字文举，鲁国鲁县（今山东曲阜）人，孔子的第二十世孙。东汉末文学家，"建安七子"之一。孔融从小就知书达礼，"孔融让梨"的故事更是影响了一代又一代中国人。

　　孔融是孔子的第二十世孙，幼时便聪慧好学，以孝、仁、义为处事信条。

　　孔融四岁时，有一次，孔融的父亲买回来几个梨，全家人围坐在一起吃梨。①孔融主动拿了一个最小的梨。父亲问他："你为什么要挑一个最小的梨呢？"孔融回答说："我最小，所以我要吃最小的梨。"

　　孔融十岁的时候，当时洛阳有个很有名气的人叫李膺。他为人正直，为官清廉，很多人都很钦佩他。孔融也非常仰慕李膺，决定去拜访他。

　　孔融来到李府，对看门人说："我是你家大人世交

❶细节描写

　　小小的孔融觉得自己最小，于是拿了一个最小的梨，而把大梨让给别人吃，说明孔融从小就知道谦让。

36

的后人，特来拜访。"孔融被领到李膺的面前，李膺一看，是一个从来没见过的孩童，感到又可气又可笑。于是，他问孔融："你说咱们两家是世交，这话从何说起呢？"孔融一本正经地说：① "我的祖先是孔子，您的祖先是老子李耳，他们可都是春秋时期品德高尚的人。孔子还曾经求教于老子，他们还有师生之谊呢？您说，这不算世交吗？"

❶语言描写
孔融的回话，表明他思路清晰，说起话来有理有据。

李膺听了，点头嘉许。当时在座的还有几位客人，他们见孔融小小年纪就这样机敏，能够随机应变，无不交口称赞，称他为奇才。

精华赏析

"孔融让梨"的故事我们从小就听过，这是一个流传了千百年的道德教育故事，它教育我们要懂得谦让和礼貌。

延伸思考

1. 孔融为什么主动拿最小的梨吃呢？

2. 从"孔融让梨"的故事中，我们得到了什么启示？

3. 为什么李膺等人都称赞孔融？

谦 虚

劳谦虚己，则附者众；骄倨傲慢，则去者疾。

——葛洪[1]

勿以己才而笑不才。

——房玄龄[2]

念高危，则思谦冲而自牧；惧满盈，则思江海下百川。

——魏徵[3]

谦虚其心，宏大其量。

——王守仁

为人第一谦虚好，学问茫茫无尽期。

——冯梦龙

谦逊不仅是一种装饰品，也是美德的护卫。

——鲁迅

一知半解的人，多不谦虚；见多识广有本领的人，一定谦虚。

——谢觉哉

---

[1] 葛洪（约281—341），字稚川，号抱朴子，丹阳句容（今属江苏）人。东晋道教理论家、医学家，擅炼丹术。

[2] 房玄龄（579—648），名乔，字玄龄（一说字乔），以字行于世，唐初齐州（今山东淄博）人，房彦谦之子。

[3] 魏徵（580—643），字玄成，魏郡馆陶（今属河北）人。唐初政治家、思想家、文学家和史学家。因直言进谏，辅佐唐太宗创建"贞观之治"的大业，被后人称为"一代名相"。

谦虚使人进步，骄傲使人落后。

——毛泽东

虚伪的谦虚，仅能博得庸俗的掌声，而不能求得真正的进步。

——华罗庚[1]

我们不能一有成绩，就像皮球一样，别人拍不得，轻轻一拍，就跳得老高。成绩越大，越要谦虚谨慎。

——王进喜[2]

青春啊，永远是美好的，可是真正的青春，只属于这些永远力争上游的人，永远忘我劳动的人，永远谦虚的人！

——雷锋

[1] 华罗庚（1910—1985），江苏金坛（今常州市金坛区）人。数学家，中国科学院院士，中国科学院数学研究所研究员、原所长。
[2] 王进喜（1923—1970），甘肃玉门人。为发展中国石油工业做出贡献，被群众誉为"铁人"。

被乞丐教训的左宗棠

名师导读

左宗棠（1812—1885），字季高，湖南湘阴人。晚清重臣，湘军将领，洋务派首领。清光绪元年（1875），左宗棠以钦差大臣身份督办新疆军务，率军讨伐阿古柏，收复迪化（今乌鲁木齐）、和阗（今和田）等地，阻挡俄、英对新疆的侵略。

❶开门见山⋯⋯⋯

文章开门见山地介绍了左宗棠的才能，为下文做铺垫。

① 左宗棠是晚清重臣，才能出众，为清政府所倚重。因此，左宗棠很自负，很少把谁放在眼里，可是他却两次在一个乞丐面前低下了头。

当时，左宗棠下定决心要收复新疆，于是他命人抬着棺材出征。就在刚出城的时候，左宗棠却意外地停了下来。原来，左宗棠看到一个乞丐摆了一个象棋残局，还挂着"天下第一局"的招牌。左宗棠对象棋很有研究，很少碰到对手。于是，左宗棠来到乞丐面前，很快就破了这个残局，还扯下了"天下第一局"的招牌，然后带着大军出发了。

经过几年征战，左宗棠终于收复新疆，大胜而归。班师回朝后不久，他又意外地碰到了那个挂着"天下第一局"的乞丐。^①左宗棠很生气，上前就要扯下"天下第一局"的招牌。就在这时，乞丐抬头说："大人，何不再来一局，好让我输得口服心服！"左宗棠一听，来了兴趣，于是又和乞丐下起了棋。

❶多种描写

这里运用了神态描写和动作描写，说明左宗棠看到招牌后很生气并把招牌扯了下来，揭示左宗棠傲慢的性格特点。

让左宗棠没有想到的是，这一次他竟然很快就输了。左宗棠不服，连下三局，都以大败告终，他这才知道自己的棋艺远远不如这个乞丐。左宗棠很好奇，为什么出征前他赢了乞丐呢？

乞丐笑着说："上次，大人出征，重任在肩，老朽恐挫伤您的锐气。对弈时，老朽也多次暗示，战场如棋局，风云多变，遇到险境，须有信心才能扭转战局，转败为胜。^②如今，大人得胜归来，未免有些心高气傲，挫您锐气，是恐您骄傲自满，得意忘形，于国于民都不利，因此老朽就不能让您了。"

❷语言描写

乞丐的这句话说明左宗棠得胜归来很骄傲自满，希望这次棋局中的失败，能让左宗棠吸取教训，体现了乞丐的用心良苦。

左宗棠听后十分惭愧，当即鞠躬拜谢老人，感慨道："先生不仅棋艺高超，且深谙处世之道，可以终身为师！"

过了几年，左宗棠闲逛时又碰到这个乞丐。这时的左宗棠已经是闻名天下的重臣了，人们还以"曾左"并称曾国藩和左宗棠。曾国藩当时已去世多年。

左宗棠和乞丐聊了半天后，问道："先生知道'曾左'吗？"乞丐说道："那是天下人对曾大人和左大人的尊称呀！"

左宗棠接着问："为什么人们都说'曾左'而不说'左曾'？"

乞丐沉思了一会儿说："那是因为曾公眼里有左公，而左公眼中无曾公！"

❶比喻

这句话运用了比喻的修辞手法，左宗棠把自己比作井底之蛙，没有远见，希望这次能改掉自大自负的毛病。

左宗棠听了乞丐的话，不禁一阵惭愧，向老人再次鞠躬拜谢。[①]原来自己的自大已是人人皆知，而自己却依然像一只井底之蛙。

从那以后，左宗棠一改往日自负的毛病，虚心向别人学习。他还将这个乞丐接到府上作为幕僚，以便随时警醒自己切不可高傲自负。

精华赏析

谦虚指虚心、不自满、肯接受批评，是一种为人处世的品德或美德。左宗棠在乞丐老人的指点下，改掉了自大自负的毛病，变成了一个谦虚的人，从而得到了更多人的尊重。

延伸思考

1. 左宗棠将去收复新疆，在上战场前下棋为什么能赢乞丐？

2. 你认为乞丐和左宗棠的棋艺谁更胜一筹？

3. 在你的心中，左宗棠是一个什么样的人？

相关链接

　　象棋是一种棋类竞技项目，为中国传统棋种。两人对局时，分红、黑两方，在棋盘上各放棋子十六枚，有将(帅)一枚，士(仕)、象(相)、车、马、炮各二枚，卒(兵)五枚，各子走法不同。棋盘由九根直线和十根横线组成，中间划定"楚河汉界"，共有九十个据点，双方各占其半，红先黑后交替走子，以把对方"将死"或对方认输为胜，不分胜负为和。

正 直

人之生也直，罔之生也幸而免。

——《论语》

仰不愧于天，俯不怍于人。

——《孟子》

正直者顺道而行，顺理而言，公平无私，不为安肆志，不为危易行。

——韩婴

心如规矩，志如尺衡，平静如水，正直如绳。

——严遵[1]

宁为直伐，不为曲全。

——王廷陈[2]

正直无私，扬眉吐气，我不怕人，人皆敬我，就是天堂快乐之境，此为将之根本。

——戚继光

心无私欲，自然会刚；心无邪曲，自然会正。

——陆陇其[3]

---

[1] 严遵（生卒年不详），字君平，西汉蜀（治今四川成都）人。严遵好老庄思想，隐居不仕，专心研究《老子》，著有《老子指归》。
[2] 王廷陈（1493—1551），字稚钦，号梦泽，黄冈（今属湖北）人。明代诗人。
[3] 陆陇其（1630—1692），字稼书，平湖（今属浙江）人。清初理学家。

直言者，国之良药也；直言之臣，国之良医也。

——唐甄[1]

以正胜邪，以直胜曲。

——蔡锷[2]

---

[1] 唐甄（1630—1704），字铸万，号圃亭，四川达州人。清初思想家。
[2] 蔡锷（1882—1916），原名艮寅，字松坡，湖南邵阳人。近代民主革命家、军事家。

正直的白居易

名师导读

白居易（772—846），字乐天，号香山居士，又号醉吟先生，祖籍山西太原，生于河南新郑。他是唐代伟大的现实主义诗人。他与元稹共同倡导新乐府运动，世称"元白"；与刘禹锡并称"刘白"。

❶ 引用

这里引用杜甫的诗句，揭露了当时社会的贫富悬殊现象。

　　白居易是唐代著名诗人。他小时候家境贫寒，由于经常和穷苦的百姓接触，他目睹了 ① "朱门酒肉臭，路有冻死骨"的社会现实，因此养成了正直无私、疾恶如仇的性格。做了官以后，白居易依然直言不讳，因此得罪了很多人。

　　元和十年（815），当朝宰相武元衡遇刺身亡，这件事轰动了京城。经过调查，凶手是平卢节度使李师道的手下。李师道勾结朝中权贵，为非作歹，武元衡曾上书皇帝揭露过他们的罪行，因此李师道怀恨在心，派人将其杀死。

众官都清楚刺客是李师道派的，但是李师道手握重兵，朝中又有人撑腰，大家害怕说出真相后会惹祸上身，便都选择了沉默。

白居易知道这件事以后，十分气愤，立即写了一道奏折，请求捉拿凶手。有人劝他说："这件事与你无关，何必牵扯进去呢？你就不怕做武元衡第二？"白居易大义凛然地回答：① "说出实情是我的责任，我不能昧着良心欺骗皇上。"说完，他立即进宫，把奏折交给了皇帝。

❶语言描写·········
　　这句话表现了白居易不畏强权、大义凛然的态度。

没想到，皇帝看了奏折后，不但没有支持白居易，反而严厉地训斥他，说他冤枉李师道，并把他赶出京城，贬为江州司马。

原来，白居易经常写一些讽刺李师道等人的诗歌，李师道早就对白居易不满了，平日没少在皇帝面前说白居易的坏话，而皇帝又是个偏听偏信的人，因此白居易被贬官也就不足为奇了。白居易离开京城后，仍然坚持写诗，替百姓鸣不平，因此他也被世人誉为"平民诗人"。

精华赏析

正直，意味着有勇气坚持自己的信念，包括有能力去坚持你认为是正确的东西，在需要的时候义无反顾，并能公开反对你坚信是错误的东西。

延伸思考

1. 白居易为什么被赶出京城？
2. 白居易为什么被世人誉为"平民诗人"？
3. 你认为白居易是一个怎样的人？

相关链接

武元衡（758—815），字伯苍，缑氏（今河南偃师南）人。唐代大臣、诗人。唐德宗建中四年（783）登进士第。历官监察御史、御史中丞等职。唐宪宗元和二年（807）正月，任为宰相，十月，出为剑南西川节度使。元和八年（813）召还，复为相。因力主削弱河北、山东等地藩镇权势，遭藩使忌恨，元和十年（815）为平卢节度使李师道所遣刺客杀死。

读书学习

求 知

知之为知之，不知为不知，是知也。

——《论语》

三人行，必有我师焉。

——《论语》

学然后知不足，教然后知困。知不足，然后能自反也；知困，然后能自强也。

——《论语》

敏而好学，不耻下问。

——《论语》

知之者不如好之者，好之者不如乐之者。

——《论语》

登泰山而小天下。

——《孟子》

吾生也有涯，而知也无涯。

——《庄子》

不学自知，不问自晓，古今行事，未之有也。

——王充

百闻不如一见。

——《汉书·赵充国传》

夫学须静也，才须学也。非学无以广才，非志无以成学。

——诸葛亮

入井观天，不过圆盖；登峰眺目，极于烟际。

——刘昼

天下不可一日而无政教，故学不可一日而亡于天下。

——王安石[1]

不畏浮云遮望眼，自缘身在最高层。

——王安石

旧书不厌百回读，熟读精思子自知。

——苏轼

唯有专心致志，把心力集中在学问上，才能事半功倍。

——蔡元培[2]

知识是引导人生到光明与真实境界的灯烛。

——李大钊[3]

人永远是要学习的。死的时候，才是毕业的时候。

——萧楚女[4]

---

[1] 王安石（1021—1086），字介甫，号半山，抚州临川（今抚州市临川区）人。北宋著名的思想家、政治家、文学家、改革家，"唐宋八大家"之一。

[2] 蔡元培（1868—1940），字鹤卿，号孑民，浙江绍兴人。中国民主革命家、教育家、政治家。

[3] 李大钊（1889—1927），字守常，河北乐亭人。中国共产主义运动的先驱，伟大的马克思主义者，杰出的无产阶级革命家，中国共产党的主要创始人和早期领导人。

[4] 萧楚女（1893—1927），原名秋，又名萧秋，字树烈，学名楚汝，湖北汉阳（今武汉市汉阳区）人。曾与恽代英等一起主编《中国青年》，在广州协助毛泽东编辑《政治周报》，曾任广州农民运动讲习所专职教员、黄埔军校政治教官。

学习的敌人是自己的满足，要认真学习一点儿东西，必须从不自满开始。对自己，"学而不厌"；对人家，"诲人不倦"，我们应采取这种态度。

——毛泽东

对世界上的一切学问与知识的掌握也并非难事，只要持之以恒地学习，努力掌握规律，达到熟悉的境地，就能融会贯通、运用自如了。

——高士其

学习和研究好比爬梯子，要一步一步地往上爬，企图一脚跨上四五步，平地登天，那就必须会摔跤了。

——华罗庚

学习如果想有成效，就必须专心。学习本身是一件艰苦的事，只有付出艰苦的劳动，才会有相应的收获。

——谷超豪

只要心还在跳，就要努力学习。

——张海迪[1]

---

[1]张海迪，生于1955年9月16日，山东文登人。中国著名残疾人作家，哲学硕士。

李密牛角挂书

名师导读

李密（582—619），字玄邃，一字法主，京兆长安（今陕西西安西北）人，隋末瓦岗军首领。李密出生于四世三公的贵族家庭，隋末天下大乱时，他成为瓦岗军首领，称"魏公"，率瓦岗军屡败隋军，威震天下。后来，他被王世充击败，率残部投降李唐。没过多久，李密又叛唐自立，被唐将盛彦师斩杀于熊耳山。

----

① 隋朝有个读书人名叫李密。他出身贵族之家，年轻的时候曾经当过守卫皇宫的侍卫。在当时，这是很有地位的。不过，李密志向远大，觉得自己才学不高，见识不广，要成就大业，必须进一步学习。于是，他经常忙里偷闲，用功读书。

可是，有一次，他读书入了迷，竟然忘了值班，因此丢了职位，被赶出了皇宫。李密回到家乡后，读书更加勤奋了，甚至外出时也要随身带上一本书。

❶开门见山

文章开门见山地介绍了主人公生活的朝代，以及他的家庭背景，为下文的内容做铺垫。

有一天，李密读《汉书》时，对书中有些内容感到疑惑，就骑上老黄牛，带着书去一位学者家求教。

李密坐在牛背上的蒲垫上，把书挂在牛角上，一边赶路一边读书，十分专注。

① 当天，正好大臣杨素坐车外出，看到一个年轻人专心地坐在牛背上读书，不由得暗暗称奇。他让驾车的人放慢车速，慢慢地跟在后面。

走了好久，杨素忍不住赶上前问道："你是哪儿的书生，这么用功？"

李密认识杨素，就从牛背上下来参拜，恭敬地回答说："我叫李密。"

② 杨素又问："你读的是什么书？"李密说："我正在读《汉书》。"杨素亲切地跟李密谈了一会儿，觉得这个年轻人前途无量，便鼓励他说："你好好学，将来一定会有出息的。"

杨素回家后，把李密的事讲给儿子听。杨素的儿子杨玄感听后，很佩服李密刻苦学习的劲头，便同李密结交，两人成了知心朋友。

后来，隋朝内乱，李密投奔了瓦岗寨的农民起义军，成为这支起义军的首领。

❶场面描写
在这里的场面描写中，杨素看到一个用功的年轻人坐在牛背上看书，很是惊奇，这样的场面让读者也为之称赞。

❷对话描写
从简短的对话描写中可以看出，杨素特别赏识李密，觉得李密是一个很了不起的人，是一个恭敬谦虚的人。

精华赏析

学习是一个人成才的必经之路。求学的路上是枯燥的，我们只有向李密这样，随时随地抽时间去学习，才有助于成为一个优秀的人。

延伸思考

1. 杨素为什么觉得李密是一个有出息的人？

2. 李密为什么那么喜欢读书？

3. 这个故事告诉我们一个什么道理？

相关链接

瓦岗寨起义，又称瓦岗军起义。隋大业七年（611）至隋大业十四年（618）期间发生的一场农民起义。隋炀帝时，连年进攻高丽，剥削残酷，兵役、徭役繁重，田地荒芜，农民家破人亡。瓦岗军起义在历史舞台上持续了七八年时间，写下了可歌可泣的历史，在推翻隋王朝的整个斗争中做出了不可磨灭的贡献。

教 育

有教无类。

——《论语》

大匠诲人必以规矩，学者亦必以规矩。

——《孟子》

为师之务，在于胜理，在于行义。

——《吕氏春秋》

教，上所施，下所效也。

——许慎[1]

师者，所以传道授业解惑也。

——韩愈

身教亲于言教。

——魏源[2]

美育者，与智育相辅而行，以图德育之完成者也。

——蔡元培

教育者，非为已往，非为现在，而专为将来。

——蔡元培

---

[1] 许慎（约58—约147），字叔重，汝南召陵（今河南漯河市召陵区）人。东汉时期
著名的经学家、文字学家。

[2] 魏源（1794—1857），名远达，字默深，湖南邵阳人。清代思想家、政治家、文学家。

自强之道，端在教育。

——张伯苓[1]

教育是智慧的源泉。

——陈独秀[2]

所谓大学者，非谓有大楼之谓也，有大师之谓也。

——梅贻琦[3]

教育是国家万年根本大计。

——陶行知

---

[1] 张伯苓（1876—1951），原名寿春，字伯苓，天津人。中国近代著名教育家，南开
系列学校创办者。
[2] 陈独秀（1879—1942），原名乾生，字仲甫，安徽怀宁（今安庆）人。中国共产党
创始人和早期领导人之一，五四新文化运动的主要领导人之一。
[3] 梅贻琦（1889—1962），字月涵，天津人。历任清华学校（今清华大学）教授、教
务长等职，1931—1948年间任清华大学校长。

许衡不食无主之梨

名师导读

许衡（1209—1281），字仲平，号鲁斋，世称"鲁斋先生"，怀州河内（今河南沁阳）人，宋元之际理学家、教育家。他自幼勤读好学，之后为避战乱，常来往于河、洛之间，从姚枢处得到宋朝二程（程颢和程颐）及朱熹的著作，从中获益甚大，与姚枢及窦默研究典籍，讲程朱理学。

南宋末年，天下大乱。当时诸国各占一方，混战不休。老百姓为了逃避战火，纷纷离开故土，扶老携幼，四处逃难。

有一天，在金朝统治下的河阳县（今河南孟州市）地界里，大道上走着一位十七八岁的青年。① 他背着行囊，腰挎长剑，眉宇间透出一股英气。这位青年就是许衡。

❶外貌描写
这是对许衡外貌的描写，一个英俊潇洒的青年形象跃然纸上。

许衡出生于农家，少年时期就以聪明勤奋闻名。后来，元朝统一天下后，他曾当过元世祖忽必烈的大学士，是元朝有名的开国大臣之一。现在，许衡还只是个正在求学的青年书生，正要到河阳县去向一位老学者请教学问。

许衡一边走，一边望着路边荒芜的田野、破败无人的村庄，胸中涌出无限感慨，他想：①"如果战争再不停息，天下的百姓真是活不下去了。但愿我能辅佐一位英明的君主，统一天下，让老百姓重新安居乐业。"这样想着，他加快了脚步，恨不得能一步就赶到那位老学者家中，把治国平天下的本领都学到。

这时正是三伏天，炎炎烈日炙烤着大地，空中一丝风也没有。许衡走得汗流浃背、口干舌燥，真想找个地方乘乘凉，喝上一口甘甜的泉水。可这里刚刚经过战火的摧残，四周的人家跑得所剩无几，哪里去找水喝呢？走着走着，他看到前面路边的大树下，有几个人在乘凉。他急忙赶过去，希望能讨口水喝。

走到近前，许衡发现这几位是赶路的小商贩。②一问才知道他们身上带的水也喝光了，因为无处找水喝，正在这里唉声叹气。许衡只好在他们身边坐下，准备歇口气再走。商贩们问许衡是做什么的，许衡告诉他们自己是求学的书生。一个商贩叹口气说："唉，这兵荒马乱的年头，读书有什么用？要是学武，倒可能出人头地。"

许衡说："仗不会老这样打下去的，等战争停了，国家总是要有人来管理的。"商贩们一齐笑道："看不

❶心理描写
这是对许衡的心理描写，表明他年纪轻轻就有抱负，想要为老百姓做实事。

❷叙述
在荒芜的村庄遇到了商贩，但他们带的水也喝完了。此处叙述为下文的故事发展做铺垫。

出你这小伙子倒挺有志气！"

这时，远处跑来一个人，怀里捧着什么东西，边跑边大声喊着。商贩们都站起来张望，原来那人是一起赶路的商贩，刚才独自出去找水。等他跑近，大家才发现他怀里捧着的竟然是几个黄灿灿、水灵灵的梨！

商贩们都欢呼起来，一齐跑过去抢梨吃。许衡也走上前去问道："这梨是从哪里买到的？"

"买？"那个商贩哈哈大笑起来，"这地方的人都跑到山上避兵灾去了，连个人影都没有，哪里去买？"

"是呀，那你是从哪儿弄来这好东西的？"商贩们边吃边好奇地问。

"我到那边村子里转了转，想找个人家，把水葫芦灌满。① 好家伙，别说是人，村子里连只老鼠都找不着！水井也都被当兵的用土给填上了。我正要丧气时，忽然看见一家院子的墙头上露出一枝梨树枝，上面结着几个馋人的大梨。这下子我乐得差点儿晕过去，可是跑过去一看，这家的院门都用石块给堵上了，墙头也挺高。我费了好大劲才翻进院子里，摘了这些梨。那树上的梨还多得很，我们一起去多摘些，带着路上吃，好不好？"

商贩们齐声说好，各自收拾东西，准备去摘梨，许衡插嘴问道：② "你说村里的井都被填上了吗？"

"可不，当兵的看老百姓都跑光了，一气之下，走的时候，就把井都填了，你甭想找到水喝。"

许衡叹了口气，默默地转身走开了。商贩们奇怪地

①夸张
用夸张的修辞手法，说明兵荒马乱的年代，老百姓因为兵灾而离开自己的村子，体现了战争对老百姓的生活造成了很大的影响。

②语言描写
当商贩们正准备去摘梨的时候，许衡却问起了井的事情，说明许衡很关心老百姓的生活。

问道："小伙子，你不和我们一起去摘梨吗？"许衡说：

"梨树的主人不在，怎么能随便去摘呢？"

商贩们又笑起来，说："你真是个书呆子！这兵荒马乱的日子，哪里还有什么主人呢？再说，那树的主人没准已经被打死了呢。"

许衡认真地答道：① "梨树虽然无主，难道我们自己的心里也无主吗？不是自己的东西，我是决不会去拿的。"说完，许衡背起行囊，挎上剑，向商贩们拱手道了声别，就转身上了大路。背后又传来了商贩们的笑声，许衡似乎根本没听见，他的脚步迈得很踏实。

❶语言描写
许衡的回答，说明他是一个恪守原则，有高尚道德情操的人。

精华赏析

如果社会上的人都像许衡这样，那就可以做到夜不闭户、路不拾遗了，所以人的道德是推动社会进步的推手，没有道德的约束，人类社会将不复存在。

延伸思考

1. 许衡为什么会问起水井是否都被填了呢？

2. 许衡为什么不和商贩们一起去摘梨呢？

3. 商贩们为什么会嘲笑许衡是"书呆子"？

学 习

士不厌学，故能成其圣。

——管仲

不知理义，生于不学。

——《吕氏春秋》

士必学问，然后成君子。

——韩婴

玉不琢，不成器；人不学，不知道。

——《礼记》

人皆知以食愈饥，莫知以学愈愚。

——刘向

人有知学，则有力矣。

——王充

才须学也，非学无以广才，非志无以成学。

——诸葛亮

人学始知道，不学非自然。

——孟郊

学不贵博，贵于正而已，正则博。

——杨时

大志非才不就，大才非学不成。

——郑晓

扶持资质，全在学问。

——吕坤[1]

学如逆水行舟，不进则退。

——《增广贤文》

倘能生存，我当然仍要学习。

——鲁迅

聪明在于勤奋，天才在于积累。

——华罗庚

---

[1] 吕坤（1536—1618），字叔简，一字心吾（或新吾），宁陵（今属河南）人。明朝文学家、
   思想家。

唐汝询苦读书

名师导读

唐汝询（生卒年不详），字仲言，约公元 1624 年前后在世，明末清初学者，华亭（今上海松江）人。唐汝询自幼酷爱学习，自 3 岁起就跟着哥哥读书认字了，可到 5 岁那年，他因一场大病失明了。起初他很痛苦，但他并没有退缩，用顽强的精神和惊人的毅力战胜了双目失明的困难，积累了丰富的知识，作了许多首诗，成了一位有名的盲人诗人。

唐汝询出身书香门第，家庭读书风气很盛，他小时候是个既聪明又可爱的孩子，3 岁时，在家人的悉心教导之下，他就开始跟着哥哥识字读书。唐汝询聪明好学，记忆力超群，<u>①</u>不幸的是，他 5 岁那年不幸得了天花，这场病使唐汝询的世界从此失去了光明。

他再也看不到外面的美丽风景了，再也看不到洋溢在伙伴们脸上的笑容了，他痛苦极了。随着年龄的慢慢增长，他逐渐适应了没有光明的日子，开始积极地面对

❶转折

聪明好学的唐汝询在 5 岁的时候不幸得了天花，眼睛失明，热爱读书学习的他，将来会如何呢？

生活。

于是，每当哥哥们上课的时候，唐汝询便在一旁仔细地听，用心记下来，然后再在心里反复琢磨。虽然唐汝询很坚强，但在学习过程中他也遇到了许多困难。因为他看不见，所以在别人看来很简单的东西，他需要付出比别人多得多的努力才能掌握。① 有时候，文章很长，为了增强自己的记忆力，他就学古人结绳记事的办法，在绳子上打上各种各样的结来代表某语句，还用刀子在木板或者竹片上刻出各种各样的刀痕来代表文字。哥哥不在家的时候，他就用手摸着这些绳结和刀痕，大声地朗读。

后来，唐汝询喜欢上了诗歌，因为诗歌中所描绘的意境，他不用眼睛也能体会到。唐汝询读了很多书，而且学着作诗，经过长期不懈的努力，他终于有所成就，成为明朝著名的学问家和诗人。

❶举例子
这句话是举例说明唐汝询学习较长的文章的方法。

精华赏析

唐汝询身残志坚，不向命运屈服，用顽强的意志去学习知识，最后学有所成，我们要向他学习。

延伸思考

1.唐汝询眼睛失明后,一蹶不振了吗?

2.学习的时候,唐汝询用什么方法记录呢?

3.我们从唐汝询身上可以学习什么精神?

相关链接

结绳记事是一种用实物记事的方式,是远古时代人类摆脱时空限制记录事实、进行传播的手段之一。它发生在语言产生以后、文字出现之前的漫长时期。在一些部落里,为了把本部落的风俗传统和传说以及重大事件记录下来,便用不同粗细的绳子,在上面结成不同距离的结来记事。结有大有小,每种结法、距离大小以及绳子粗细表示不同的意思,由专人按一定规则记录,并代代相传。

读　书

好读书，不求甚解。每有会意，便欣然忘食。

——陶渊明

黑发不知勤学早，白首方悔读书迟。

——颜真卿

读书破万卷，下笔如有神。

——杜甫

书山有路勤为径，学海无涯苦作舟。

——韩愈

外物之味，久则可厌；读书之味，愈久愈深。

——程颐

旧书不厌百回读，熟读深思子自知。

——苏轼

人能不食十二日，惟书安可一日无。

——陆游

读而未晓则思，思而未晓则读。

——朱熹

读书贵神解，无事守章句。

——徐洪钧

不尽读天下之书，不能相天下之士。

——汤显祖

养心莫善寡欲，至乐无如读书。

——郑成功

读书数万卷，胸中无适主，便如暴富儿，颇为用钱苦。

——郑板桥

读书好处心先觉，立雪深时道已传。

——袁枚

贫寒更须读书，富贵不忘稼穑。

——王永彬[1]

学和行本来是有机联系着的，学了必须要想，想通了就要行，要在行的当中才能看出自己是否真正学到了手。否则读书虽多，只是成为一座死书库。

——谢觉哉

人是活的，书是死的。活人读死书，可以把书读活。死书读活人，可以把人读死。

——郭沫若[2]

鸟欲高飞先振翅，人求上进先读书。

——李苦禅[3]

---

[1] 王永彬（1792—1869），字宜山，人称宜山先生，湖北荆州府枝江（今湖北宜都）人。清代学者，一生经历了乾隆、嘉庆、道光、咸丰、同治五个时期。

[2] 郭沫若（1892—1978），原名开贞，笔名郭鼎堂，四川乐山人。作家、诗人、古文字学家、考古学家、社会活动家，是中国新诗的奠基人之一、中国历史剧的开创者之一、"甲骨四堂"之一。

[3] 李苦禅（1899—1983），原名李英杰，山东高唐人。中国画家。擅画花鸟，阔笔写意，笔墨雄阔，酣畅淋漓，画风以质朴、雄浑、豪放著称。

读过一本好书，像交了一个益友，时间过得越长，情谊也就越深厚。

——臧克家[1]

书，能保持我们的童心；书，能保持我们的青春。

——严文井[2]

书籍是时代的镜子、历史的碑刻、人类文明的阶梯。

——高占祥

---

[1] 臧克家（1905—2004），又名瑷望，笔名少全、何嘉，山东潍坊诸城人。著名诗人。曾任《诗刊》主编，著有诗集《烙印》《罪恶的黑手》《生命的零度》，长诗《李大钊》等。

[2] 严文井（1915—2005），原名文锦，号菊潭，主要笔名有青蔓、严森等，湖北武昌（今武汉）人。现代作家、散文家、著名儿童文学家，著有童话集《南南和胡子伯伯》《丁丁的一次奇怪旅行》等。

屉原与读书洞

名师导读

屈原（约前340—约前278），战国时期楚国诗人、政治家。名平，字原。屈原是中国历史上第一位伟大的爱国诗人，中国浪漫主义文学的奠基人，被誉为"诗魂"。他是"楚辞"的创立者和代表作者，开辟了"香草美人"的传统。屈原的出现，标志着中国诗歌进入了一个由集体歌唱到个人独创的新时代。

屈原是我国战国时期伟大的爱国诗人，天资聪颖，又勤奋好学，留下了很多佳话。湖北省秭归县有一个"读书洞"，相传就是屈原小时候读书的地方。

①中心句
这句话是这段的中心句，介绍屈原特别喜欢读书，开启下文。

① 屈原小时候特别喜欢读书。上学期间，他总是第一个到书房，又最后一个离开书房。可有一段时间，他放学后却常常迟迟不回家。家里人担心，问他去做了什么，他也总是笑笑，没有把他的秘密说出来。屈原的姐姐不放心，一天，屈原背完晚书走出学塾，她就悄悄跟在屈原后面，一直到了一个山坡的山洞旁。只见屈原在

70

山洞里一块石头上坐下后，就拿出一卷竹简，非常用心且专注地读了起来。屈原的姐姐在洞口静静地听着，仿佛就置身于弟弟屈原所诵读的文字营造的意境中……

直到天渐渐黑了，屈原的姐姐才叫弟弟回家。屈原先是一惊，当意识到是自己的姐姐时，就赶忙从洞里出来，告诉姐姐自己读的是楚国的民歌……

就是在这个山洞里，他安安静静地品味着书中的优美文字，在书中充分领略了楚国民间文学的美妙，为日后创作出"楚辞"这种新文体埋下了种子。

后来，屈原"洞中读书"的故事便流传开了。在他去世后，人们为了纪念他勤学苦读的精神，就把这个洞叫作"读书洞"。

读书笔记

精华赏析

屈原在《离骚》中写道："路漫漫其修远兮，吾将上下而求索。"这是他对人生、对理想不断追求的写照，也是他孜孜不倦追求知识的写照。

延伸思考

1. 湖北省秭归县有一个"读书洞"，是为了纪念谁呢？

2. 谁是《楚辞》的创始人？

3. 这个故事告诉我们一个什么道理？

相关链接

　　"楚辞"是屈原创作的一种新诗体，《楚辞》是中国文学史上第一部浪漫主义诗歌总集。《楚辞》经历了屈原的作品始创、屈后仿作、汉初搜集、刘向辑录等历程，成书时间应在公元前26年至公元前6年之间，共收录辞赋十七篇。全书以屈原作品为主，其余各篇也都是承袭屈赋的形式。因其运用楚地的文学样式、方言声韵和风土物产等，具有浓厚的地方色彩，故名"楚辞"，后世称此种文体为"楚辞体"；又因屈原作品中以《离骚》一篇最著名，而成为"骚体"。《楚辞》对整个中国文化系统具有不同寻常的意义，特别是文学方面，开创了中国浪漫主义文学的先河。

惜 时

少壮不努力，老大徒伤悲。

——《长歌行》

人生处一世，去若朝露晞。

——曹植

盛年不重来，一日难再晨。及时当勉励，岁月不待人。

——陶渊明

少壮轻年月，迟暮惜光辉。

——何逊

君看白日驰，何异弦上箭。

——李益

莫倚儿童轻岁月，丈人曾共尔同年。

——窦巩

百年讵几时，君子不可闲。

——韩愈

男儿生身自有役，那得误我少年时。

——张籍

昨日之日不可追，今日之日须臾期。

——卢仝

少年辛苦终身事，莫向光阴惰寸功。

——杜荀鹤

百年能几日？忍不惜光阴。

——杜荀鹤

白日急于水，一年能几时。

——于武陵

一寸光阴一寸金。

——王贞白

人无再少，时无再来。

——邵雍

壮年不再来，急景如流丸。

——司马光

少壮及时宜努力，老大无堪还可憎。

——欧阳修

岁月不可思，驶若船放溜。

——苏轼

白日去如箭，达者惜分阴。

——朱敦儒

莫等闲，白了少年头，空悲切。

——岳飞

花到三春颜色消，月过十五光明少。

——王和卿

花有重开日，人无再少年。

——关汉卿

去日已去不可止，来日方来犹可喜。

——高启

白日莫空过，青春不再来。

——林宽

人生百年几今日？今日不为真可惜！

——文嘉

天地有万古，此身不再得；人生只百年，此日最易过。

——洪应明

丝染无复白，鬓白无重黑。努力爱青春，一失不再得。

——施闰章

浪费别人的时间等于谋财害命，浪费自己的时间等于慢性自杀。

——鲁迅

时间就是生命，时间就是速度，时间就是力量。

——郭沫若

勤学的诸葛亮

诸葛亮（181—234），字孔明，号卧龙，琅邪阳都（今山东临沂市沂南县）人，三国时期蜀汉丞相，杰出的政治家、军事家、散文家、书法家、发明家。其散文代表作有《出师表》《诫子书》《隆中对》等。曾发明木牛流马、孔明灯等，他改造的连弩，被称为"诸葛连弩"，可一弩十矢俱发。诸葛亮在世时被封为武乡侯，死后刘禅追谥其为忠武侯，故后世常以"武侯""诸葛武侯"尊称诸葛亮。后东晋政权因其军事才能特追封他为武兴王。

❶递进
这句话表示了递进的关系，说明不但司马徽喜欢诸葛亮，而且他的妻子也非常喜欢聪明的诸葛亮。

① 诸葛亮少年时代，从学于水镜先生司马徽。他学习刻苦，勤于用脑，不但得到司马徽的赏识，连司马徽的妻子对他也很器重，十分喜欢这个勤奋好学、善于用脑子的少年。那时，还没有钟表，计时用日晷，遇到阴雨天没有太阳，时间就不好掌握了。为了阴雨天也能计时，司马徽训练公鸡按时啼叫，办法就是定

时喂食。为了学到更多的知识，诸葛亮想让先生把讲课的时间延长一些，但先生总是以鸡的啼叫声为准，①于是诸葛亮想：若把公鸡啼叫的时间延长，先生讲课的时间也就延长了。于是诸葛亮上课时就带些粮食装在口袋里，估计鸡快叫的时候，他就喂鸡一点儿粮食，鸡一吃饱就不叫了。

过了一些时候，司马先生感到奇怪：为什么鸡不按时叫了呢？经过细心观察，他发现诸葛亮在鸡快叫时给鸡喂食了。司马先生一开始很恼怒，但后来还是被诸葛亮的好学精神所感动，对他更关心，更器重，对他的教导也就更毫无保留了，而诸葛亮也就更勤奋了。

后来，经过不断的努力，诸葛亮终于成为一个上知天文、下识地理的饱学之人。

❶心理描写
年少时的诸葛亮十分好学，求知若渴，想出了延长先生讲课的时间的办法，只为多学习点知识。

精华赏析

诸葛亮为了能够学到更多的知识，很好地利用了每一分、每一秒的时间来学习，故事告诉我们一个道理：一寸光阴一寸金，学海无涯，充分利用好时间才能使自己过得充实。

延伸思考

1.少年时的诸葛亮为什么那么惹人喜爱?

2.诸葛亮为什么想要公鸡啼叫的间隔时间延长一些呢?

3.从文章中我们应该学习诸葛亮的什么精神?

相关链接

　　日晷亦称日规,是古代一种测时的仪器,由晷盘和晷针组成。晷盘是一个有刻度的盘,中央装一根与盘面垂直的晷针,主要是根据日影的位置来确定当时的时辰或刻数。它是我国古代普遍使用的计时仪器。

知 识

三人行，必有我师焉。择其善者而从之，其不善者而改之。

——《论语》

知识是引导人生到光明与真实境界的灯烛。

——李大钊

多一点知识，就容易多一点愉快的经验，也就是生活广一点。

——李霁野

知识有如人体血液一样的宝贵。人缺少了血液，身体就要衰弱；人缺少了知识，头脑就要枯竭。

——高士其

无论从事哪一方面的研究，都必须有广博的知识作根基。

——周祖谟

错误的知识比无知更可怕。

——秦牧[1]

知识便是光明和幸福，无知便是谬误与黑暗。

——王蒙[2]

---

[1] 秦牧（1919—1992），原名林觉夫。作家。
[2] 王蒙，生于1934年，河北南皮人。当代著名作家、学者。

梁颢借书

名师导读

梁颢（963—1004），字太素，北宋郓州须城（今山东东平）人，早年丧父，被叔父收养。梁颢曾从学于王禹偁，学习刻苦，初考进士，未中，对完善科举制度提出建议。雍熙二年（985），梁颢考中状元，年仅22岁，被任命为大名府观察推官。

梁颢是北宋人，因为父母早逝，由叔父收养。他自幼喜好读书，可是由于家境贫寒，买不起书，只好借别人的书，抓紧时间抄下来，然后再仔细阅读。①他不但对借来的书籍倍加爱护，而且向来按时归还，很守信用。

一个冬天的晚上，梁颢在微弱的灯光下抄书。只抄了一会儿，他的手脚就被冻得几乎僵硬了，眼睛也累得发酸。于是，他不得不停下笔，活动活动手脚，放松一下，然后赶快提起笔继续抄。叔父睡了一觉醒来，发现梁颢还在用功，于是披衣起床，来到梁颢身边心疼地说：

❶递进
这句话说明家境贫寒的梁颢从小借书读，而且总是按时归还，说明了梁颢坚守信用的高尚品质。

"孩子，你从早到晚抄了一整天，现在已经是深夜，天又这么冷，这样会搞坏身体的，快收拾一下睡觉去吧，明天再抄也不迟。"

梁颢说："这不行，我已答应人家，明天就把书还回去。要是今晚抄不完，明天还了书，我就没什么可读的了。"

叔父笑笑说："傻孩子，他们家里有好多书，不急着用这一本。你跟他们再商量一下，晚还一天也没什么要紧的。"梁颢听了，一脸严肃地说：①"做人要讲信用，我答应明天还，明天就一定要还。"说完，他就又低下头继续抄书。

第二天，梁颢按时把书送还了主人。主人惊讶地说："没想到你读书这么快啊！"梁颢说："我还没有时间读，只是连夜把它抄了一遍。"

那人一听，敬佩地说："你真是个诚实守信的好孩子，将来一定会大有作为的。我这里还有很多书，你要借哪一本都可以，什么时候还都行。"梁颢听后急忙向他道谢。后来梁颢就经常去借书，而且总是按时归还，从没失信过。

长大以后的梁颢参加了科举考试，中了状元。②由于他很有才华，又具有诚信的品格，深得皇帝的赏识，因此被多次提拔。

❶语言描写

梁颢没有因为叔父的话而动摇，这句话体现了梁颢是个说话算话、诚实守信的孩子。

❷叙述

这句话叙述了梁颢因有才华、诚信得到了赏识，多次被皇帝提拔，说明人只有信守承诺才会走得更远。

精华赏析

梁颢从小就是个刻苦、守信的好孩子，后来，他的一生都得益于这些优秀的品质，更给后人树立了榜样。我们也要学习他的优秀品质，长大后才能做大事。

延伸思考

1. 梁颢为什么半夜时还在抄书？
2. 书的主人为什么喜欢借书给梁颢呢？
3. 从这个故事中，你学到了什么？

相关链接

科举制度是中国古代通过考试选拔官吏的制度，起于隋朝。宋代的科举，大体沿用唐制，但在形式和内容上进行了重大的改革。宋代的科举放宽了录取的范围；实行糊名和誊录，并建立了防止徇私的新制度。王安石任参知政事后，科举考试的内容取消了诗赋、帖经、墨义，专以经义、论、策取士。

积　累

不积跬步，无以至千里；不积小流，无以成江海。

——《荀子》

十年树木，百年树人。

——管仲

千里之行，始于足下。

——《老子》

泰山不让土壤，故能成其大；河海不择细流，故能就其深。

——李斯

熟读唐诗三百首，不会作诗也会吟。

——孙洙

读书之法，莫贵于循序而致精。

——朱熹[1]

无论什么事，如果不断收集材料，积之十年，总可成一学者。

——鲁迅

---

[1] 朱熹（1130—1200），字元晦，又字仲晦，谥号文，世称朱文公，祖籍徽州婺源（今江西婺源）。南宋著名的理学家、思想家、哲学家、教育家、诗人，闽学学派的代表人物，儒学集大成者，被世人尊称为"朱子"。

路是脚踏出来的，历史是人写出来的。人的每一步行动都在书写自己的历史。

——吉鸿昌

一天即使只学习一个小时，一年就积累成三百六十五个小时，积零为整，时间就被征服了。

——吴晗

要循序渐进！我走过的道路，就是一条循序渐进的道路。

——华罗庚

钟会循序渐进

名师导读

钟会（225—264），字士季，三国颍川长社（今河南长葛东北）人，曹魏大臣钟繇的儿子、钟毓的弟弟。钟会才华横溢，博学精练，二十岁左右便入朝为官，官至司徒，为司马昭重要谋士。

① 钟会的母亲张氏很注意对儿子的培养和教育。钟会4岁的时候，张氏就教他读《孝经》，7岁时读《论语》，8岁开始读《诗经》。

钟会从小就非常聪明，母亲教他的功课，他不费多大力气就领会掌握了。因此，钟会学习起来就不太用心。母亲发现后，十分生气，说："我教的功课，你都会了吗？"

钟会回答："会了。"

母亲让钟会背诵，钟会十分流利地背诵出了所学内容；母亲让他讲解，钟会就详细地讲解。母亲又提出几

❶开门见山⋯⋯⋯

文章开头就介绍钟会的母亲很重视对儿子的教育，是这篇文章的中心句，全篇都在围绕这句话进行叙述。

个问题让钟会回答，这一下可把幼小的钟会难住了。接着，母亲认真地说：① "学习可不能骄傲自满，要一步一个脚印，走得才扎实。"

❶语言描写
这句话是对钟会母亲的语言进行的描写。母亲告诉钟会，学习千万不能骄傲，体现了母亲对钟会的谆谆教诲。

从此，钟会开始静下心来，严格按照母亲布置的计划，循序渐进地学习。他10岁读《尚书》，11岁读《周易》，12岁读《春秋左氏传》《国语》，13岁读《周礼》《礼记》，14岁读父亲钟繇写的《易记》。15岁开始，钟会被送到太学读书。

临去太学前，母亲把钟会叫到跟前说："我怕你学习不深入扎实，所以一直让你循序渐进。现在，你的基础已经打好了。从今以后，你可以独立地找书读，尽可能广泛地学习知识了。"

钟会进入太学后，读了许多书，常常夜以继日地刻苦钻研。后来，他成了魏国非常有名望的一名将领。

精华赏析

圣贤的学问，不是一天就可以学会的，再聪明的人也要靠日积月累才行。钟会的母亲教子读书有方，有意识地循序渐进地教导钟会，培养他的求学精神。他能取得这么高的学问成就与母亲的教育有密切关系。

延伸思考

1. 钟会的母亲为什么注重对钟会的培养？

2. 你佩服钟会这种学习精神吗？

3. 你最想对钟会说的一句话是什么？

相关链接

《三国演义》中写道："有一次，钟繇带着钟会和钟会的哥哥钟毓去见皇帝曹丕。钟毓头一次见皇帝，吓得全身是汗。钟会呢，好像没事人一样，从容得很。皇帝问：'钟毓啊，你怎么出了那么多汗啊？'钟毓说：'皇上天威，臣战战兢兢，汗如雨下。'皇帝又问钟会：'你怎么不出汗呢？'钟会学着他大哥的口气说：'皇上天威，臣战战兢兢，汗不敢出。'皇帝听后哈哈大笑。"

思 问

好问则裕，自用则小。

——《尚书》

君子学以聚之，问以辨之。

——《周易》

学而不思则罔，思而不学则殆。

——《论语》

不知而不能问，非智也。

——《国语》

讯问者，智之本也；思虑者，智之道也。

——刘向

学贵心悟，守旧无功。

——张载

不思故有惑，不求故无得，不问故莫知。

——《二程集》

善学者，当求其所以然之故，不当诵其文，过目而已也。

——《二程集》

学而不化，非学也。

——杨万里

人之进学在于思，思则能知是与非。

——朱熹

为学患无疑，疑则进也。

——陆九渊[1]

学贵知疑，小疑则小进，大疑则大进。

——陈献章

学而思则学因思而益精，思而学则思因学而有据。

——孙应鳌

才以用而日生，思以引而不竭。[2]

——王夫之

---

[1] 陆九渊（1139—1193），字子静，抚州金溪（今属江西）人。南宋哲学家、教育家，
理学的"心学"创始人。
[2] 出自清代王夫之《周易外传·卷四》。

陈子昂摔琴赠文章

名师导读

陈子昂(659—700),字伯玉,梓州射洪(今四川射洪县)人。唐代诗人,初唐诗文革新人物之一。因曾任右拾遗,后世称陈拾遗。青少年时轻财好施,慷慨任侠。24岁举进士,以上书论政得到武则天重视,授麟台正字,后升右拾遗,直言敢谏。曾因"逆党"反对武后而株连下狱。在26岁、36岁时两次从军边塞,对边防颇有些远见。38岁时,因父老解官回乡,不久父死。居丧期间,权臣武三思指使射洪县令段简罗织罪名,对他加以迫害,其后冤死狱中。著有《陈伯玉集》。

❶开门见山

文章开门见山地介绍了陈子昂的家庭背景,让读者对主人公有所了解,为下文做铺垫。

① 陈子昂,字伯玉,唐朝初年出生于一个富裕之家,是唐朝初期的文学家,初唐诗文革新人物之一。

陈子昂24岁时便考中了进士,本以为武则天很快会给他赐官。可是,一连在京城等了好几个月,他却没有听到一点儿赐官的消息。其实,那是由于他为人耿直,不会趋炎附势,也不肯巴结权贵,因此受到了冷落。

一天，陈子昂正在街上散步，为还没有接到任命的事情发愁，不知不觉就来到了一家乐器店门前。

这时，店里正热闹。① 陈子昂走上前去一看，原来，大家正在看一把古琴。

❶场面描写
热闹的场面吸引了陈子昂的脚步，为下文拉开帷幕。

店主介绍说："这是汉代时赵五娘寻找蔡伯喈时所弹的琴，是稀世珍宝，价值连城啊！"

众人听店主如此介绍，几个人有意要把它买下来。但是由于价钱太贵，又不禁争论了起来。

这时，陈子昂挤进了人群，看了看左右，对店主说："我愿意出千缗买这把琴！"

② 众人听后，看着陈子昂，没有一个不啧啧称奇的，心想天底下居然真有人愿意花这么大的代价去买一把古琴，不知道他的琴艺怎么样。

❷心理描写
陈子昂花大价钱买这把古琴，人们很好奇，买这把古琴的人究竟有怎样绝妙的琴艺。

于是，有人问："你善于弹琴吗？能不能弹奏一首，让我们先听为快啊？"

陈子昂对众人一拜，说道："明日请来我住的旅店，我一定备好酒菜，等待大家，到时候自然会弹奏一曲。"

这件事当天就轰动了整个长安城，人们奔走相告。到了第二天，很多人，甚至包括皇亲国戚，都赶到陈子昂的住处。于是一间小小的旅馆被挤得水泄不通。

陈子昂早已经摆下酒宴款待来客。酒过三巡后，他走向几案，捧起古琴，对大家说："诸位，在下蜀人陈子昂，自幼饱读诗书，熟知经文，有诗文百轴，虽不敢称是字字珠玑，但每篇都是呕心沥血之作。因为刚来贵

❶反问

这句话采用了反问的修辞手法，弹琴并不是陈子昂的专长，他不能在众人面前出丑，起到了强调的作用，让读者明白虽然陈子昂不会弹琴，但是所作诗文却引领风骚。

❷语言描写

通过王适的评价，说明陈子昂的诗文写得非常好，突出陈子昂才华出众。

地，不为人知，至今还沉沦在旅馆中等待消息。[①]对我来说，弹琴奏曲并不是我擅长的，我岂能存心在大家面前出丑？"说完，他把古琴摔在了地上。只听砰的一声，一把稀世古琴顿时摔裂。

众人见此情景，都很惊讶，而陈子昂却神色坦然，将自己的诗文发给了每个来这里的人。

客人中有精通诗文的文人学士，读了陈子昂的诗文后不禁交口称赞。

一时之间，陈子昂的才名传遍了整个长安城。

当时，隐士王适也拿到了一篇陈子昂的诗，读后，他不禁感叹：[②]"这个人会成为引领天下文章的一代宗师啊！"

不久，陈子昂有才华的消息传到了武则天耳里。她亲自阅读了陈子昂的诗，认为他确实是一个有胆有识、有勇有谋的人，便在大殿上接见了他，授予他麟台正字的官职。

后来，陈子昂果然在文学革新上取得了很大成绩，扫除了南北朝时开始盛行的纤弱、萎靡的诗歌风格，社会上一时掀起了学习高雅诗歌的风气。

精华赏析

　　年轻的陈子昂才华横溢，踌躇满志，刚入京师却无人赏识，于是便重金买琴，毁琴散诗文，一日之内，名满天下。陈子昂借高价买琴吸引了人们的注意而获得名声，然而陈子昂此举能大获成功，是因为他的诗文作品本就十分出众。

延伸思考

1. 陈子昂为什么买古琴？

2. 陈子昂的琴艺如何呢？

3. 我们要学习陈子昂的什么精神？

相关链接

　　"仙宗十友"是五代以降的古代文人因对活动于初唐及盛唐时期的司马承祯、李白、陈子昂、王维、宋之问、孟浩然、王适、毕构、卢藏用、贺知章十位文人群体的追慕而提出的。

文学艺术

艺术的真实非即历史上的真实。

——鲁迅

社会向文学提供素材，文学向社会提供规范。

——郭沫若

艺术家是美的事物的创造者。

——郁达夫[1]

有生命的艺术常常是野生的，而不是温室里的。

——田汉

艺术来源于生活，生活却决不等于艺术。

——贾平凹[2]

---

[1] 郁达夫（1896—1945），原名郁文，字达夫，浙江富阳（今杭州市富阳区）人。中国现代作家，革命烈士。
[2] 贾平凹，1952年出生于陕西丹凤县棣花镇，1974年开始发表作品，主要作品有《废都》《秦腔》等。

欧阳修的"三多""三上"

名师导读

欧阳修（1007—1072），北宋时期政治家、文学家、史学家和诗人。与韩愈、柳宗元、王安石、苏洵、苏轼、苏辙、曾巩合称"唐宋八大家"。他晚年自号"六一居士"，曾自言："吾家藏书一万卷，集录三代以来金石遗文一千卷，有琴一张，有棋一局，而常置酒一壶。以吾一翁，老于此五物之间，是岂不为六一乎？"

欧阳修4岁时，他的父亲就去世了，家里很穷，上不起学，也买不起文房四宝，他母亲郑氏就用荻草（一种形状像芦苇的植物）秆当笔，把沙子铺在地上当纸，教他认字。[①] 他认字很专心，不到10岁，已有自学能力，便向亲友借书来读，把重要的书籍亲自抄一遍。读书之余，就练习作文。

❶叙述
这句话说明欧阳修学习十分刻苦、自律。

欧阳修曾经说过："要写好文章，离不开'三多'。"所谓"三多"，就是：多读优秀作品，多练习写作，多和老师、朋友们商讨。他曾经对别人说："我的文章多数是利用'三上'进行艺术构思、打好腹稿的。所谓'三上'，就是马上、枕上和厕上。"

❶叙述
"随时看""随时改"说明了欧阳修对写作的态度很严谨、认真，要求精益求精，直到自己修改满意为止。

①欧阳修的写作态度很严肃，每写完一篇文章，便贴在卧室里的墙上，随时看，随时改，一直改到自己认为毫无缺点，才肯拿出去。欧阳修老年时，文学修养更加深厚了，他又拿出以前所写的文章一篇一篇地修改，废寝忘食，异常辛苦。他的妻子劝阻道："何必自讨苦吃呢？你又不是小学生，难道还怕先生生气吗？"他笑着回答："不是怕先生生气，而是怕后生笑话啊！"

欧阳修通过自己的认真创作和反对骈文、提倡古文，开展了蓬蓬勃勃的古文运动，扫除了五代以来浮艳、艰涩怪僻的文风，形成了平易流畅的文章风格，对宋代及其以后的散文发展，做出了卓越的贡献。

精华赏析

大文学家欧阳修如此谦虚地抓紧时间学习、锤炼自己的写作技艺，我们要向他学习。

延伸思考

1. 欧阳修小时候用什么当笔写字？

2. 欧阳修对待写作的态度是什么？

3. 我们要学习欧阳修的什么精神？

相关链接

　　唐宋古文运动是指唐代中期及宋朝时期以反对骈文、提倡古文为特点的文体改革运动。因涉及文学的思想内容，所以兼有思想运动和社会运动的性质。"古文"，是相对于骈文而言的，指的是先秦和汉朝的散文。韩愈提倡古文，目的在于恢复古代的儒学道统，将改革文风与复兴儒学变为相辅相成的运动。在提倡古文时，进一步强调要文以明道。韩愈、柳宗元是唐代古文运动的代表，宋代的欧阳修、王安石、曾巩、苏洵、苏轼、苏辙等人也是其中的代表人物。

科学创造

科学是老老实实的东西，它要靠许许多多人民的劳动和智慧积累起来。

——李四光[1]

科学技术这一仗，一定要打，而且必须打好。

——毛泽东

要提倡科学，靠科学才有希望。

——邓小平

---

[1] 李四光（1889—1971），原名仲揆，湖北黄冈人。地质学家、教育家、音乐家、社会活动家，中国地质力学的创立者、中国现代地球科学和地质工作的主要领导人与奠基人之一，中华人民共和国成立后第一批杰出的科学家和为新中国发展做出卓越贡献的元勋。

蔡伦造纸

名师导读

　　蔡伦（约62—121），字敬仲，东汉造纸术发明家，桂阳（今湖南耒阳）人。蔡伦总结以往人们的造纸经验，革新造纸工艺，终于制成了经济适用的纸张。造纸术被列为中国古代"四大发明"之一，对人类文化的传播和世界文明的进步做出了杰出的贡献，千百年来备受人们的尊崇。蔡伦也被后世奉为造纸鼻祖、"纸神"。

　　①造纸术的发明，是我们中华民族对人类的一个重大贡献。蔡伦出身于农家，从小家境贫寒，为了生计，他入宫做了宦官。汉和帝年间，蔡伦升任中常侍，参与国家大事。后来，蔡伦官至尚方令，监督工匠为皇宫制造宝剑和其他用品。

　　蔡伦忠于职守，一上任就到各个作坊去视察。这一天，蔡伦来到制造麻纸的作坊里，看到许多大缸里泡着青麻的茎皮。蔡伦很是好奇，就问这些是用来干什么的，

❶点明主题
文章开头点明造纸术对人类有很大的贡献。

99

一个工匠告诉他："青麻加上石灰，在水缸里泡上十天半个月就泡烂了，然后捶打成浆，就可以造麻纸了。"蔡伦觉得这太神奇了，惊叹道："好，好啊！"可是工匠接着说："用这种方法造出的麻纸虽然比丝绵纸或绸缎花费的成本低，但麻纸太粗糙，吸墨性不强，写起字来也很不方便。"

❶对比

通过对比，说明青麻纸还需要再改进。

蔡伦听了这一番话，心中若有所思。①青麻纸现在还不尽如人意，但比从前在竹简上写字方便得多，也比在绢帛上写字便宜得多。如果能把青麻纸改进一下，让它变得平滑光洁，又能吸墨，那就可以广泛使用了。

此后半个月，蔡伦天天到造纸作坊去，观察工匠们的造纸过程，有时还帮忙挑水或者用榔头捶打青麻，很受工匠们的欢迎和尊重。

蔡伦时刻都在思考改进造纸的方法，但苦于无从入手。为此他饭也吃不香、觉也睡不安。一天中午，他趴在桌上小憩，恍惚之中，他来到作坊旁的晒纸场。明亮的阳光下，灰蒙蒙的青麻纸一会儿变成黄色，一会儿又变成了白色。他伸手去抚摸纸面，感到十分平滑。②忽然，

❷转折

突然间天空中一阵响雷，随后下起了大雨，这场雨让蔡伦有了新的想法——改变纸的原材料配方，灵感就在一瞬间闪现出来。

天空中传来一阵雷声，紧接着哗哗地下起大雨来。"快收纸！"他大声喊着，随后就一下子惊醒了，原来是一场梦！他再也睡不着了，心想：能否改变造纸原料的配方呢？

蔡伦从家里找出一小捆破布头，立即赶到作坊。他找来最有经验的工匠王腊，叫他把破布头洗净，加入泡

料的缸里。七八天以后，纸晒出来了。这一次造出的纸平滑得多，和梦里见到的那种灰白的纸差不多。蔡伦的心中充满了无限的喜悦和希望。

①随后，他和工匠王腊又经过多次试验，分别用柯皮（柯树皮）、麻头、破布、旧渔网等做原料，再加入不同的填料和染料，制成了不同规格、不同质量、不同用途的纸。他造出的纸价廉物美，适合书写，很快得到了推广，并进入了寻常百姓家。公元114年，蔡伦被封为"龙亭侯"，所以人们把蔡伦造的纸叫作"蔡侯纸"。

蔡伦的造纸术，后来被传到世界各地，经过各地技术人员和工匠一两千年的不断改进，造出了各种各样的书写纸、包装纸、工业用纸等，为人类文明的发展做出了不可磨灭的贡献。

❶叙述

经过多次尝试，蔡伦和王腊分别用柯树皮、麻头、破布、旧渔网等做原料，终于做出了物美价廉的纸张。

精华赏析

造纸术作为我国古代的"四大发明"之一，它的发明过程的确有其神奇之处，尽管并不一定真的像故事中所描述的那样，是蔡伦偶然从梦中得到良策。但是作为一个从小小的宦官后来升至朝廷大员的人，蔡伦并没有被眼前的荣华富贵所迷惑，而是依然处处为国为民，从未忘记自己从小立下的志向，这种人生态度是值得后人永远景仰的。

延伸思考

1.在青麻纸上书写虽然比在竹简上书写更方便，但是它有什么弊端呢？

2.梦境中天空中的一场雨让蔡伦有了什么想法？

3.你敬佩蔡伦吗？

相关链接

"中国四大发明"是中国古代创新的智慧成果和科学技术发展的成果，包括造纸术、指南针、火药和印刷术。

四大发明对中国古代的政治、经济、文化的发展产生了巨大的推动作用，并经各种途径传至西方，对世界文明的发展产生了巨大的影响力。

为人处世

自 信

知人者智，自知者明。

——《老子》

自疑不信人，自信不疑人。

——《素书》

自信者，不可以诽誉迁也；知足者，不可以势利诱也。

——《淮南子》

恢弘志士之气，不宜妄自菲薄。

——诸葛亮

自信者人亦信之，胡越犹弟兄；自疑者人亦疑之，身外皆敌国。

——林逋

吾无过人者，但生平行为，无不可对人言耳。

——司马光

自得者所守不变，自信者所守不疑。

——《二程集》

自立自重，不可跟人脚迹，学人言语。

——陆九渊

人须有自信之能力，当从自己良心上认定是非，不可以众人之是非为从违。

——章炳麟[1]

自信与骄傲有异；自信者常沉着，而骄傲者常浮扬。

——梁启超

自尊不是轻人，自信不是自满，独立不是孤立。

——徐特立

既不要妄自菲薄，又不盲目自夸。

——茅盾[2]

---

[1] 章炳麟(1869—1936)，学名炳麟，号太炎，世人常称之为"太炎先生"，浙江余杭人。清末民初民主革命家、思想家、著名学者。研究范围涉及小学、历史、哲学、政治等，著述甚丰。
[2] 茅盾(1896—1981)，原名沈德鸿，笔名茅盾，浙江嘉兴桐乡人。中国现代著名作家、文学评论家、文化活动家和社会活动家。

为祖国找石油的李四光

名师导读

李四光（1889—1971），原名李仲揆，湖北黄冈人。我国著名地质学家、教育家和社会活动家，是中国地质力学的创立者，中国现代地球科学和地质工作的主要领导人与奠基人之一，中华人民共和国成立后第一批杰出的科学家和为新中国发展做出卓越贡献的元勋。他创立了地质力学，并为中国石油工业的发展做出了重要贡献。

1889 年 10 月 26 日，湖北省黄冈县张家湾一个贫寒的家庭里，一个男孩降生了。他是家里的第二个孩子，教私塾的父亲为他取名"仲揆"。"仲"，在兄弟姐妹的排行中表示行二。

1902 年冬，省城开办新学堂的消息传来了，仲揆也挑着行李来到了武昌。① 在填写报名单时，仲揆不小心误将姓名栏当成年龄栏，写上了"十四"。他发觉后，将"十"添上几笔改成了"李"字，但"李四"这个名

❶叙述
这几句话叙述了"李四光"这个名字的由来。

字可不好听。

他正在为难的时候，猛然抬头看见中堂上挂有一块匾，上面写着"光被四表"几个大字。他灵机一动，就在"李四"的后面加了一个"光"字。于是，仲揆有了一个更响亮的名字：李四光。从此，这个虚岁十四的少年，开始了他灿烂的人生。

1904 年 7 月，李四光以优异的成绩被破格选送到日本留学。留学期间，李四光加入了同盟会（晚清时期由孙中山组织和领导的一个统一的全国性资产阶级革命政党）。孙中山先生赞赏他说：[①]"你年纪这样小就参加革命，很好，有志气，你要努力向学，蔚为国用。"

1913 年 10 月，李四光到英国伯明翰大学学习采矿和地质学。在英国的留学经历，奠定了李四光从事地质事业的基础。1920 年，应北京大学校长蔡元培之邀，李四光到北京大学地质系任教。后来，他曾多次到英国学习。中华人民共和国成立的消息使他冲破重重阻挠，回到了祖国的怀抱，为祖国的建设做出了巨大贡献。

李四光长期从事古生物学、冰川学和地质力学的研究，在鉴定古生物化石、发现中国第四纪冰川（第四纪冰川是地球史上最近一次大冰川期）和创立地质力学等方面都做出了卓越的贡献。

20 世纪初，国际上一直充斥着中国内地没有第四纪冰川的谬论。[②]经过深入调查，李四光收集到很多证

❶语言描写
通过孙中山的语言，表明孙中山很欣赏李四光，希望他以后成为栋梁之材。

❷叙述
李四光收集证据证明中国内地有第四纪冰川，最后得到了国际科学界的认可，李四光为祖国争得了荣誉。

据，发表了一系列关于中国第四纪冰川的文章，他的研究成果得到了国际科学界的认可。中国第四纪冰川理论的确立，是我国第四纪地层学和气候学研究史上的一个里程碑。

在中华人民共和国成立之前，一些西方的地质工作者来到中国调查地质，得出了"中国贫油"的结论。李四光进行了大量的地质研究和勘探工作，结合自己对地质构造的研究，他认为中国地下的石油储量是很大的。从东北平原起，通过渤海湾到华北平原，再往南到两湖地区，都可能有石油。

果然，根据李四光的地质力学理论，1958 年，规模大、产量高的大庆油田被成功探明。[①]此后，大港油田、胜利油田也相继建成，我国"贫油国"的帽子终于被摘掉了。

❶特定称谓

中国曾在国际上被称为"贫油国"，这是对中国的蔑视，正因为李四光的地质理论，我国发现了一个又一个油田，从此摘掉了这顶帽子。

精华赏析

本文从三个方面介绍了李四光的主要生平：留学归来，报效祖国；确立我国的第四纪冰川理论；为中国地质力学奠基，推动中国石油和其他矿产资源的开采。这些内容简洁扼要地介绍了李四光在科学研究方面的杰出成就和对我国社会主义建设所做出的重要贡献，反映了李四光精深的专业知识、实事求是的科学态度以及强烈的爱国精神。

延伸思考

1.请说说李四光名字的由来。

2.李四光发现了中国第四纪冰川，得到国际的认可了吗?

3.这篇文章弘扬了李四光的什么精神?

相关链接

　　1949年秋,中华人民共和国成立在即,李四光被邀请担任政协委员,然而做好回国准备的他却被伦敦的朋友告知,国民党政府驻英大使已接到密令,要其公开发表声明拒绝接受政协委员职务,否则将被扣留。李四光当机立断,只身离开伦敦来到法国。两个星期之后,李四光夫妇在瑞士巴塞尔买了从意大利开往香港的船票,于1949年12月启程秘密回国。1950年5月6日,李四光终于到达北京。

尊 师

贵师而重傅，则法度存。

——《荀子》

师者，人之模范也。

——扬雄

师者，所以传道授业解惑也。

——韩愈

一日为师，终身为父。

——关汉卿

为师者，非其才德之美不可。

——方孝孺

人非学不得其所以为人，学非师不得其所以为学。

——蔡清

师非道也，道非师不恃；师非学也，学非师不约。

——何心隐

程门立雪

名师导读

作为一名学生，首先要尊敬老师，学习知识应该虚心向老师请教。宋朝时有两位著名学者，他们因为一个问题而去请教老师，遇到老师在休息，他们会怎么做呢？

①宋代"二程"——程颢、程颐两兄弟以才学出众深得世人称誉，天下好学之士都来求教，一时学者云集，门庭若市。在他们的众多学生中，以杨时最为有名。

当时杨时已是进士，但为了求学，他主动放弃了做官的机会，拜程颢为师。他学习用功，又很有见地，程颢非常喜欢这个学生。杨时学成后要回福建老家，程颢一直送他到大路上。望着杨时远去的背影，程颢含泪说："我的学说由他带到南方去发扬光大了！"四年后，程颢病故。杨时听到老师不幸去世的噩耗，伤心得顿足哀号。②杨时在屋子里摆设了恩师的灵位，每日祭拜。

程颢死后，杨时又到洛阳拜程颐为师，而此时杨时已过不惑之年。

❶解释说明

破折号在文中起解释说明的作用，让读者更清楚地知道"二程"指的是程颢和程颐二人。

❷叙述

这句话叙述了杨时对恩师的怀念之情，虽然老师已经去世，但是他摆放灵位，每天祭拜，体现了他尊师敬长的高尚品德。

111

一天，杨时和学友游酢去拜访老师。不巧，程颐正在休息。他们不愿打扰老师，便悄悄地站在门外等老师醒来。不久，天阴了下来，大雪纷纷扬扬地下了起来。杨时和游酢直打寒战，却不敢跺一下脚驱寒。门虽虚掩着，但他们也不愿进去躲一躲。

①场景描写

积雪已经一尺深，但是杨时和游酢却不肯进屋取暖，因为怕打扰老师休息，说明他们很尊敬老师，这种高贵的品质让读者也肃然起敬。

① 过了许久，程颐才从睡梦中醒来，他推开门，见门外大雪纷飞，地上积雪已有一尺深。此时，忽然有声音响起："老师，您醒了？我们可以进来吗？"程颐这才发现杨时、游酢像两个雪人一样站在门口。

程颐非常感动，从此更加细心地教导他们。

精华赏析

礼仪是律己、敬人的一种行为规范，是表达对他人尊重和理解的过程和手段。文明礼仪不仅是个人素质、教养的体现，也是个人道德和社会公德的体现。

延伸思考

1. 程颢去世后，杨时为什么把恩师的牌位摆在屋里？
2. 杨时、游酢像两个雪人一样站在门口，他们为什么不进屋？
3. 从这个故事中，我们学到了什么？

意 志

天行健，君子以自强不息。

——《周易》

不怨天，不尤人。

——《论语》

故天将降大任于斯人也，必先苦其心志，劳其筋骨，饿其体肤，空乏其身，行拂乱其所为，所以动心忍性，曾益其所不能。

——《孟子》

锲而舍之，朽木不折；锲而不舍，金石可镂。

——《荀子》

穷且益坚，不坠青云之志。

——王勃

千淘万漉虽辛苦，吹尽狂沙始到金。

——刘禹锡

不经一番寒彻骨，怎得梅花扑鼻香。

——黄檗禅师

少不勤苦，老必艰辛；少能服劳，老必安逸。

——林逋

古之立大事者，不惟有超世之才，亦必有坚忍不拔之志。

——苏轼

人生万事须自为，跬步江山即寥廓。

——范梈

不受苦中苦，难为人上人。

——吴承恩

乃知事贵奋，形势非所拘。

——归庄

千磨万击还坚劲，任尔东西南北风。

——郑燮

祖逖闻鸡起舞

名师导读

　　祖逖（266—321），字士稚，范阳道县（今河北涞水）人，东晋军事家。祖逖出身于范阳祖氏，早年曾任司州主簿等职，于西晋末年率亲党避乱于江淮，后被授为奋威将军、豫州刺史，率部北伐。祖逖所部军纪严明，得到各地人民的响应，数年间收复黄河以南大片土地，使得石勒不敢南侵，被晋封镇西将军。祖逖因朝廷内明争暗斗，国事日非，忧愤而死，被追封为车骑将军。

　　祖逖少年时为人豪爽，乐于助人。每到乡间，他就拿出自家的谷物、布帛来救济穷人，因此深受宗族乡邻敬爱。祖逖立志报效国家，发愤博览群书，研究古今历史。[①]他常往来于家乡和那时的京城洛阳之间，熟识他的人都说他有济世之才。

　　祖逖所处的那个时代，统治者十分腐朽昏庸，再加上北方异族统治者的入侵，国土沦陷，人民痛苦不堪。

❶叙述
　　这句话写出因为祖逖慷慨仗义，又勤学苦读，少有大志，所以深受熟识的人尊敬。

祖逖看在眼里，痛在心上，他立志要奔赴疆场，赶走入侵者，拯救北方父老于水火之中。

后来祖逖进入仕途，与刘琨一同担任司州主簿。两人意气相投，常常谈论国事，慷慨激昂，直至深夜。一个冬天的夜里，他与刘琨睡得正香，一阵鸡叫声把祖逖从梦中惊醒。祖逖往窗外一看，透过枯树枝，一弯残月挂在天边，东方还未发白，依旧是寒冬清冷的夜。

❶心理描写

祖逖看到眼前的夜景，就想到了萧条的祖国，体现了他心系祖国，是有远大抱负的人。

看着眼前的景象，一阵酸楚涌上祖逖心头：① "现在的国家不也正像窗外的景物那样衰败萧条吗？"想着想着，祖逖睡意全无。

于是，祖逖叫醒刘琨，严肃地说："你听，这鸡叫的声音好像在提醒我们，国家正处于多事之秋，不能再贪睡了。起来吧，让我们练好武功，将来好报效国家！"

两个人相互击掌约定，高高兴兴地下了床，摘下墙壁上挂的剑，走出屋子。

❷反衬

这句话在文中起到反衬的作用，屋外很冷，但是他们毫不退缩，毅然决然地在月光下练剑，衬托出他们立大志、下苦功的努力精神。

② 屋外真的很冷，两人一迈出门槛就都不由自主地打了一个寒战。但他们没有退缩，而是拔出剑，在月光下舞起来，墙上映出了两个矫健的身影。

就这样，无论酷暑还是严冬，每到凌晨鸡叫，祖逖和刘琨就起床舞剑。日复一日，他们各自练就了一身高强的武艺。与此同时，他们还在一起研究兵法。

后来，祖逖成为朝廷重臣，并挥师北上，收复了晋王朝黄河以南的失地，成为一代名将。

精华赏析

学一身本领不是一蹴而就的，必须立大志、下苦功才能成功。祖逖也是一样，他闻鸡起舞熬过多少个春秋才成为一代名将。他的这种精神值得我们学习。

延伸思考

1. 祖逖为何深受百姓的尊敬呢？
2. 祖逖看到月光下的景色，想到了什么？
3. 这个故事告诉我们什么道理？

相关链接

刘琨（271—318），精通音律，创作了《胡笳五弄》（包括《登陇》《望秦》《竹吟风》《哀松露》《悲汉月》五首琴曲）。他在传统的琴曲中加入北方游牧民族的音调，描写北方历经战乱的景象，抒发了思乡爱国之情。

坚 持

一日暴之，十日寒之，未有能生者也。

——《孟子》

锲而不舍，金石可镂。

——《荀子》

故不积跬步，无以至千里；不积小流，无以成江海。

——《荀子》

工贵其久，业贵其专。

——陈亮

绳锯木断，水滴石穿。

——罗大经

一日不力作，一日食不足。

——赵孟頫

精诚所至，金石为开。

——凌濛初[1]

---

[1] 凌濛初（1580—1644），字玄房，号初成，别号即空观主人。明代文学家、小说家和套版印书家。早年工诗文，后致力于小说、戏曲的创作，以短篇小说集"二拍"（《初刻拍案惊奇》《二刻拍案惊奇》）闻名于世。

顾恺之画画

名师导读

顾恺之（约345—409），字长康，小字虎头，晋陵无锡（今属江苏）人。顾恺之博学多才，擅诗赋、书法，尤善绘画，时人称之为"三绝"，即画绝、才绝和痴绝。

顾恺之小时候长得虎头虎脑，非常可爱，大人们就给他起了个名字叫"小虎子"。不幸的是，他刚出生，母亲就去世了。他就跟着父亲、祖母一起生活。

当他四五岁的时候，就问父亲，母亲长什么样，父亲一边回忆，一边把母亲的样子详详细细地告诉了他。① 从此他再也不出去玩儿了，整天待在屋里。一天，父亲来到小虎子的房门前，往里一看，小虎子正在画画儿呢。"小虎子，画什么呢？""我在画母亲呀。"小虎子拿着一张画好的画儿给父亲看。"父亲，您看看，像母亲吗？""不像，一点儿都不像。"父亲说。小虎子听了，不伤心也不生气，还是接着画。转眼间，又是半

① 设置悬念

自从父亲告诉顾恺之母亲的模样，顾恺之便不再出门了，他待在屋里做什么呢？此处设置悬念，引起读者的好奇。

119

年过去了，他又拿着画儿来问父亲。"父亲，您看这回像了吗？"父亲看了看说："就是脚有点儿像，别处都不像。"小虎子听了，觉得挺高兴，回到屋里，又开始从早到晚地画。

❶叙述

这段话体现了顾恺之画画的决心——一定要把母亲的模样画出来，也体现了他对母亲的思念。

①一晃又是大半年过去了，他又拿着画儿去给他父亲看，父亲看了，说："嗯，这回像的地方比较多，可就是眼睛不像。"

小虎子一听，问道："您再说说母亲的眼睛长什么样吧！"父亲又给他说了说母亲的眼睛。小虎子就又回到屋子里去，从早到晚就专画眼睛。就这样，一下子又过了大半年，小虎子又拿着画儿去给父亲看，这回父亲一看，吓了一跳，说："呀，太像了！尤其是这双眼睛，这就是你母亲呀！"

顾恺之通过坚持不懈的努力终于画出了母亲的画像，凭借着这种精神和耐心，他成为东晋时期一位有名的画家。

精华赏析

顾恺之画母亲肖像的故事告诉我们，想要做好一件事，需要有恒心和毅力，要坚持不懈，有把想法付诸实践的行动力，还要能虚心听取和接受他人的意见，不怕苦、不怕累。

延伸思考

1. 顾恺之为什么喜欢画母亲的画像?

2. 顾恺之是用什么精神把母亲的画像画好的呢?

3. 我们应该学习顾恺之的什么精神?

相关链接

顾恺之作画,意在传神。他在中国古代画史上声名显赫。主要绘画作品有《洛神赋图》《女史箴图》《斫琴图》。他与曹不兴、陆探微、张僧繇合称"六朝四大家"。

幽　默

没有幽默滋润的国民，其文化必日趋虚伪，生活必日趋欺诈，思想必日趋迂腐，文学必日趋干枯，而人的心灵必日趋顽固。

——林语堂

人的才能不一样，有的人会幽默，有的人不会，不会幽默的人最好不必勉强要俏，去写幽默文章。

——老舍

幽默当然用笑来发泄，但是笑未必就表示着幽默。

——钱锺书

幽默，可以说是一个敏锐的心灵，在精神饱满生趣洋溢时的自然流露。

——余光中[1]

幽默也是一种执拗，一种偏偏要把窗户纸捅破，放进阳光和空气的快感。

——王蒙

---

[1] 余光中（1928—2017），出生于南京，祖籍福建永春。当代著名作家、诗人、学者和翻译家。

预先构思好的幽默往往显得笨拙，灵机一动的幽默往往更加精妙。

——刘心武[1]

幽默是心灵的微笑。最深刻的幽默是一颗受了致命伤的心灵发出的微笑。

——周国平

假设别的东西不能保持人的乐观情绪，幽默感总能。

——王小波[2]

幽默不是违背逻辑，而是提出不同的逻辑。

——马长山

---

[1] 刘心武，生于1942年6月4日，笔名刘浏、赵壮汉等。中国当代著名作家、红学研究家。

[2] 王小波（1952—1997），中国当代学者、作家。代表作品有《黄金时代》《白银时代》《青铜时代》《黑铁时代》等。

留胡子的张大千

名师导读

　　留着一把长胡子的张大千经常被朋友们嘲讽，结果他给朋友讲了一个故事，朋友们再也不提他胡子的事了。在一次宴会上，张大千说自己是"小人"，他为什么这么说呢？

　　张大千蓄了一把长长的胡子，有一次跟朋友吃饭的时候，他的朋友就不断地消遣他的长胡子，开他的玩笑。张大千并没有因此发火，而是不紧不慢地对朋友们说道：① "我给大家讲一个关于胡子的故事吧！刘备在自己的两个兄弟关羽和张飞死后，带领军队讨伐吴国为兄弟报仇雪恨。关羽的儿子关兴和张飞的儿子张苞为父报仇心切，因此争着要当先锋。为了公平，刘备对他们说：'你们两个分别列举你们父亲生前的战功，谁列举得多，就让谁当先锋。'张苞第一个发话说：'我的父亲喝断长坂桥，夜战马超，智取瓦口，因大义释放了严颜。'关兴有点口吃，但是他也不落后，

❶语言描写
　　一句话引出下文，突出人物沉稳的性格特点。

124

说道：'先父有一把长数尺的胡须，被献帝赞为美髯公，因此应该让我当先锋。'此时的关羽正在云端眺望，听到儿子的话不禁骂道：'真是个不争气的儿子，想当年老子挥刀斩颜良，诛杀文丑，过五关，斩六将，带着单刀去赴宴，这些显赫的战功都不说，光说我的一把胡子有什么用？'"

朋友们听完张大千的故事，都哑口无言了。从那之后，就再也没有人消遣张大千的胡子了。

抗战胜利之后，张大千要离开上海，回老家四川去。他的学生们准备了宴会为他送行，到场的是各界名流，其中有京剧大师梅兰芳。宴会上，张大千举着酒杯对梅兰芳说道："梅先生，我先敬您一杯，因为您是君子，而我是个小人。"梅兰芳疑惑不解，在座的宾客也丈二和尚摸不着头脑。① 张大千微笑着说道："我画画动手，因此是小人，您唱戏动口，因此是君子啊！"

张大千的一番话逗乐了在场的所有人。

⬆ 语言描写
张大千的语言突出了他幽默的性格和谦虚的品质。

精华赏析

张大千是个心有城府、不斤斤计较、有大智慧的人。面对朋友们的嘲笑，他并没有恼羞成怒，而是用一个故事得到了他们的尊重。面对社会名流，他是谦虚幽默的，用一个笑话活跃了气氛，并表达了对宾客的敬重。

延伸思考

1. 朋友们为什么消遣张大千的胡子?

2. 关羽为什么被称为"美髯公"?

3. 梅兰芳对张大千的话为什么疑惑不解?

相关链接

梅兰芳（1894—1961），名澜，字畹华。祖籍江苏泰州，生于北京。中国京剧表演艺术大师。梅兰芳出身梨园世家，8岁学戏，拜吴菱仙为师学青衣，10岁登台。梅兰芳在五十余年的舞台生涯中，发展和提高了京剧中旦角的表演艺术，形成自己的艺术风格，影响很广，世称"梅派"。其代表作有《贵妃醉酒》《天女散花》《宇宙锋》《打渔杀家》等。

勤奋进取

人生在勤，不索何获。

——张衡

业精于勤，荒于嬉。

——韩愈

少年辛苦终身事，莫向光阴惰寸功。

——杜荀鹤

一年之计在于春，一日之计在于晨，一家之计在于和，一生之计在于勤。

——《增广贤文》

天下古今之庸人，皆以一惰字致败。

——曾国藩

我从来不知道什么是苦闷，失败了再来，前途是自己努力创造出来的。

——徐特立

形成天才的决定因素应该是勤奋。

——郭沫若

我是个拙笨的学艺者，没有充分的天才，全凭苦学。

——梅兰芳

对搞科学的人来说，勤奋就是成功之母。

——茅以升

应该记住，我们的事业，需要的是手，而不是嘴。

——童第周[1]

我们每个人手里都有一把自学成才的钥匙，这就是：理想、勤奋、毅力、虚心和科学方法。

——华罗庚

刻苦读书，积累资料，这是治学的基础。

——秦牧

---

[1] 童第周（1902—1979），浙江鄞县（今宁波）人。生物学家、教育家、社会活动家、中国实验胚胎学开创者之一，被誉为"中国克隆之父"。

学痴王冕

名师导读

王冕（1287—1359），字元章，号煮石山农，亦号食中翁、梅花屋主等，诸暨（今属浙江）人，元朝著名画家、诗人、篆刻家。他出身贫寒，幼年时替人放牛，靠自学成才。

王冕幼时家境贫穷，每天忙于务农，没有学习的机会。

村口大樟树下，有一个小学堂，王冕每天出来放牛，都要经过那里。早上，有钱人家的孩子背着书包去上学，而王冕却只有眼馋的份儿。

学堂里，学生们都到齐了，老师开始上课了。琅琅书声从窗户里传出来，王冕的双脚又不由自主地移向学堂。想起昨天差点儿把牛丢了的事，小王冕在心中告诫自己：① "今天可不能再像昨天那样了。"可他的脚就是不听使唤，仍然向学堂的大门走去。"我只听一会儿就去放牛。"他自言自语道。

❶心理描写
王冕喜欢读书，琅琅读书声把他吸引到学堂来，但是他在心中告诫自己不能再把牛丢了，体现出了王冕的求知若渴。

小王冕偷偷溜进学堂大门，趴在窗台上听学生们朗读。听着，听着，王冕陷入了痴迷。黄昏，学生们都放学了，可小王冕还沉浸在书中，满耳都是书声，口中念念有词，痴痴地走回家去。

"牛呢？"父亲见儿子又是一脸痴样回来，意识到牛又出事了，赶快出门去看，果然，两头牛都没回来。①父亲气得拿起扁担就打。

❶动作描写

这里的动作描写，说明了父亲看到王冕把牛弄丢了非常生气，同时揭示了王冕家境的贫寒。

小王冕知道自己又闯了大祸，赶紧和家里人满山遍野找，最后，总算将两头牛找了回来。

一次又一次，小王冕总犯着同样的错误，父亲都不知打了他多少回了，可他就是改不了。有一天，母亲劝父亲说："儿子既然喜欢读书，就让他去读吧！"

随着年龄的增长，王冕也渐渐懂事，知道家里的艰辛了。他白天仍然放牛，只在晚上读书。②家里没钱买灯油，他就跑到附近的寺院里，那里的大殿中有日夜都亮着的长明灯。王冕等寺里的人都睡着了，就偷偷爬到大佛的膝上，就着长明灯看书。

❷叙述

懂事的王冕白天放牛，晚上去寺院读书，他的这种精神值得我们学习，我们现在的条件比他要强百倍，我们又是怎么学习的呢？

安阳的韩性听说了王冕读书的事后，觉得他是个难得的人才，就收他为弟子。后来，王冕在他的教导下学问有了很大的长进。最终王冕学有所成，成为元代著名的诗人、画家。

精华赏析

学习的过程像爬山一样，并不全都是坦途。在学习的道路上，我们要有顽强的毅力和钻研的精神，才能越走越远。

延伸思考

1. 王冕放牛为什么会把牛弄丢呢？

2. 王冕的父亲为什么会打王冕？

3. 后来王冕晚上去哪里读书呢？

相关链接

王冕是个天真质朴的人，一生都在困境中过活。他的诗里充满了反抗精神，揭露了当时的民族矛盾和阶级矛盾，表达了对国家命运的关怀和对劳动人民遭受灾难的同情。他的诗大都收入在《竹斋诗集》里。

尊重团结

上下同欲者胜。

——孙武[1]

兵不能胜大患，不能合民心者也。

——孙膑

爱人者，人恒爱之；敬人者，人恒敬之。

——《孟子》

仁者必敬人。

——《荀子》

能用众力，则无敌于天下矣；能用众智，则无畏于圣人矣。

——陈寿

卑己而尊人是不好的，尊己而卑人也是不好的。

——徐特立

活着，为的是替整体做点事，滴水是有沾润作用，但滴水必加入河海，才能成为波涛。

——谢觉哉

合则存，散则灭。

——李大钊

---

[1] 孙武，春秋末期齐国人。春秋时期著名的思想家，兵家奠基人。世人尊称他为"孙子""孙武子"。

力戒骄傲，这对领导者是一个原则问题，也是保持团结的一个重要条件。

——毛泽东

诗人主要的天赋是爱，爱他的祖国，爱他的人民。

——闻一多 [1]

一滴水只有放进大海里才永远不会干涸，一个人只有当他把自己和集体事业融在一起的时候才能最有力量。

——雷锋

施与人，但不要使对方有受施的感觉；帮助人，但给予对方最高的尊重。这是助人的艺术，也是仁爱的情操。

——刘墉

---

[1] 闻一多（1899—1946），中国伟大的爱国主义者，坚定的民主战士，中国民主同盟早期领导人，中国共产党的挚友，新月派代表诗人，学者。

张良拜师

名师导读

张良（？—前190或前189），"汉初三杰"之一，伟大的谋略家、政治家。张良先祖原为韩国颍川郡贵族。秦灭韩后，他图谋恢复韩国，结交刺客，在博浪沙（今河南原阳东南）狙击秦始皇未遂而逃亡。秦末农民起义时，张良率部投奔刘邦，为刘邦重要的谋士。刘邦曾赞其"运筹帷幄之中，决胜于千里之外"。

张良年轻时，曾计划刺杀暴君秦始皇，失败后，为躲避官府通缉，潜藏在下邳（今江苏睢宁北）。

有一天，张良闲游到一座桥上，遇见一位穿褐衣的老翁。那老翁见张良走近，便故意将鞋扔到桥下，让张良下桥去捡。①张良很不高兴。但见老翁年老，便忍下脾气，下桥捡起鞋来，等张良把鞋交给老翁时，老翁又让他帮着把鞋穿上。张良想自己已经帮他将鞋捡上来了，索性跪着恭恭敬敬地帮老翁穿上了鞋。老翁没客气，

❶神态描写

这里的神态描写说明老翁让张良去桥下捡鞋，让张良特别不悦，但他后来还是按老人的意思捡起了鞋子。

笑眯眯地离开了。临走时，他留下了一句话："小子可教矣！五天后的黎明时分在这里等我。"张良有些莫名其妙，但还是按老翁的要求，五天后天刚亮，就来到桥上，不料老翁早在那里等他了。老翁见了张良便怒斥道：① "跟老人约会迟到，岂有此理。过五天再早些来见我。"说完就离去了。

张良有些懊悔。又过了五天，鸡刚打鸣，张良便匆匆地赶到了桥上，可是不知怎的，他还是比老翁来得晚。老翁这回更不高兴了，只是重复了一遍上回说的话，就拂袖而去了。

这下张良可有点儿急了，又过了五天，他索性觉也不睡了，在午夜之前便来到桥上等着。② 过了一会儿，老翁来了，见到张良便点头称是，并从袖中拿出一本书，很神秘地说："你读了这本王者之书，就可以做帝王的先生了。"

天一亮，张良打开书一看，原来是《太公兵法》。张良特别高兴，从此以后认真研读黄石老翁传授给他的那部兵法书，后来真的成了大军事家，做了刘邦的谋士。

❶ 语言描写
这几句话是对老翁的语言所进行的描写，张良天刚亮就来到桥上，可是老翁还是很生气，说明了老翁别有用意。

❷ 动作描写
从老翁的动作中，可以看出老翁这次对张良还算满意。他递给张良一本书，让故事充满了神秘的色彩。

精华赏析

张良尊重老翁，按时赴约。张良对老翁很有礼貌，这个故事教导我们要尊敬长辈，对待老人要谦虚诚恳。尊重不在于言语，某些细节与行为就足以表现出来。

延伸思考

1.张良很高兴为老人捡鞋吗？

2.老翁给了张良什么书？

3.你从这个故事中学到了什么？

相关链接

《太公兵法》亦称《太公六韬》《六韬》，中国古代兵书，"武经七书"之一，其余"六书"为《孙子兵法》《吴子兵法》《司马兵法》《石公三略》《尉缭子》《李卫公问对》。《太公兵法》记述了早期参谋机构的组织和人员的职责，选将练兵之道，步、车、骑诸兵的协同和各自的训练、战法，等等。

人生真理

人生命运

生而辱不如死而荣。

——《史记》

生为百夫雄，死为壮士规。

——王粲

为草当作兰，为木当作松。

——李白

叹息青青长不改，岁寒霜雪贞松枝。

——皇甫冉

世道剧颓波，我心如砥柱。

——刘禹锡

古来多被虚名误，宁负虚名身莫负。

——晏几道

生当作人杰，死亦为鬼雄。

——李清照

为谋须远大，守节要坚完。

——陆游

不论英雄豪杰，都逃不了境遇和时代的支配。

——夏丏尊

过去与将来，都是那无始无终、永远流转的大自然在人生命上比较出来的程序，其中间都有一个连续不断的生命力。一线相贯，不可分拆，不可断灭。

——李大钊

人生要有意义只有发扬生命，快乐就是发扬生命的最好办法。

——张闻天[1]

人生实在是一本书，内容复杂、分量沉重，值得翻到个人所能翻到的最后一页，而且必须慢慢地翻。

——沈从文[2]

人生就像爬坡，要一步一步来。

——丁玲[3]

围在城里的人想逃出来，城外的人想冲进去，对婚姻也罢，职业也罢，人生的愿望大都如此。

——钱锺书

人生据说是一部大书。假使人生真是这样，那么，我们一大半作者只能算是书评家，具有书评家的本领，无须看得几页书，议论早已发了一大堆，书评一篇写完交卷。

——钱锺书

不要失去信心，只要坚持不懈，就终会有成果的。

——钱学森

---

[1] 张闻天（1900—1976），原名应皋（亦作荫皋），字闻天，江苏南汇（今属上海浦东新区）人。中国无产阶级革命家、政治家和理论家。

[2] 沈从文（1902—1988），原名沈岳焕，湖南凤凰人。中国著名作家、历史文物研究者。1924年起先后在刊物上发表作品，代表作有《边城》《湘行散记》等。

[3] 丁玲（1904—1986），原名蒋祎文，字冰之，湖南临澧人。中国现代女作家，代表作有《梦珂》《太阳照在桑干河上》《莎菲女士的日记》。

丑角也许比英雄更知人生的辛酸。

——周国平

即使跌倒一百次，也要一百零一次地站起来。

——张海迪

人生是跋涉，也是旅程；是等待，也是相逢；是探险，也是寻宝；是眼泪，也是歌声。

——汪国真

酷爱学习的毛泽东

名师导读

毛泽东（1893—1976），字润之，湖南湘潭人。马克思主义者，中国无产阶级革命家、战略家、理论家、军事家，中国共产党、中国人民解放军、中华人民共和国的主要缔造者和领袖，中国共产党第一代中央领导集体的核心，毛泽东思想的主要创立者。

毛泽东一生酷爱学习，从追求革命真理的青年时代到革命战争年代，再到建设社会主义时期从未间断，即使在战争最激烈的时候，他也会时时抽空读书。

①长征路上，有一次部队打了胜仗，毛泽东向他的秘书要"战利品"。秘书看着毛泽东疲倦的眼神，忙将香烟递了过去，可毛泽东看到后却摇头。秘书感到不解，毛泽东便告诉他，他要书，比如州志、县志什么的，只要有了这些书，就能知道一个地方的山川气候、物产资源、风俗民情等，就有了打胜仗的把握。

❶特定称谓

这句话中的引号表示特定称谓，把书籍称作"战利品"，体现了毛泽东十分喜爱读书。

长征路上，每到一处，秘书和警卫员就为毛泽东收集"战利品"。这些"战利品"，对毛泽东指挥红军爬雪山、过草地，粉碎敌人的围追堵截，胜利完成二万五千里长征起了很大的作用。

有一年夏天，毛泽东到了武汉。夏天的武汉有"火炉"之称，可是，毛泽东照样每天看书学习。遇到有的书上的字很小，他只好加大照明度，这样，房子里的温度就更高了，汗水不停地顺着他的脸颊往下淌。工作人员急忙送上毛巾，请毛泽东把汗擦一擦。毛泽东接过毛巾，风趣地说：① "读书学习也要付出代价，流下了汗水，才能学到知识。"

① **语言描写**
从毛泽东的这句话中，我们体会到毛泽东特别喜欢读书，哪怕流再多的汗水，也是开心的。

毛泽东一生对读书的痴迷印证了他的座右铭："苟有恒，何必三更睡五更起；最无益，莫过一日曝十日寒。"

精华赏析

有一句歌词是：好运歹运都要进取。是呀！人生的道路上，有顺畅，有坎坷，但只要我们勇敢地面对生活，以正确的生活态度去拼搏，终能获得自己想要的幸福。

延伸思考

1. 毛泽东要的"战利品"指的是什么？

2. 武汉素有什么之称？

3. 从这个故事中，我们得到了什么启示？

相关链接

二万五千里长征，简称"长征"，长征是人类历史上的伟大壮举。20世纪30年代初，我国正处于内忧外患的严峻境地。1934年10月，中国工农红军主力从长江南北各根据地向陕北根据地进行战略转移。与此同时，第四方面军和第二方面军也先后进行了长征。1936年10月，红军三大主力军先后在甘肃会宁城和将台堡胜利会师。历时两年的红军长征胜利结束，中国革命出现一个新局面。

荣誉信仰

树大招风风撼树，人为名高名丧人。

——吴承恩

门户可以托父兄，而丧德辱名非父兄所能庇。

——吕坤

人生富贵驹过隙，唯有荣名寿金石。

——顾炎武[1]

越无人识越安闲。

——齐白石[2]

有了信仰，就生出力量。

——孙中山

支配战士的行动的是信仰。他能够忍受一切艰难、痛苦，而达到他所选定的目标。

——巴金

---

[1] 顾炎武（1613—1682），明末清初的杰出的思想家、经学家、史地学家和音韵学家，与黄宗羲、王夫之并称为明末清初"三大儒"。

[2] 齐白石（1864—1957），近现代中国绘画大师，世界文化名人。早年曾为木工，后卖画为生。擅画花鸟、虫鱼、山水、人物，笔墨雄浑滋润，色彩浓艳明快，造型简练生动，意境淳厚朴实。所作鱼虾虫蟹，妙趣横生。代表作有《蛙声十里出山泉》《墨虾》等。

你最信仰谁，你将最像谁。

——黎鸣[1]

高官厚禄、养尊处优以及追名逐利，埋葬了多少富于创造力的生命。

——路遥

崇高的荣誉像开在山顶的一朵花，有的人看见了艰难的路，有的人只看见美的花。

——丁谦[2]

[1] 黎鸣，生于1944年，现代哲学家、作家，号称"思想狂徒""哲学乌鸦"。
[2] 丁谦，生于1958年，河南周口人。中国书法家协会理事，中国硬笔书法协会副主席，中国文化艺术界慈善志愿者主席团主席。

在生活中学习表演的梅兰芳

名师导读

梅兰芳（1894—1961），名澜，字畹华，别署缀玉轩主人，艺名兰芳。北京人，祖籍江苏泰州，中国京剧表演艺术大师。

梅兰芳小时候去拜师学艺，师傅说他眼睛没神儿，不是唱戏的料子。原来他小时候眼睛轻度近视，不仅迎风流泪，而且眼珠转动不灵活。但梅兰芳学艺的决心并没有动摇，他养了几对鸽子，每天一早，他就给它们喂食，然后放飞。① 梅兰芳站在鸽棚旁，眼睛随着鸽子的飞动而转动，循苍穹而视，尽力追踪越飞越远的鸽群，直至鸽子的踪影在遥远的天际消失。十年之间，他从未间断，持之以恒，终于练出了"眼神"。后来，在舞台上，他一双大眼睛灵动明亮，神采飞扬。梅兰芳的眼神最能传达人物内心的细腻感情，人们都说梅兰芳的眼睛会说话。

梅兰芳以塑造各种旦角的舞台形象闻名遐迩，他为

❶叙述

这句话叙述了梅兰芳虽然未能得到老师的赞赏，但是他却不放弃，十年如一日，每天看着空中的鸽子练习，表现出了他不轻易言败的精神。

此可谓呕心沥血。最初，他对表现女人的吃惊老觉得不够理想，尽管他多次揣摩，反复试验，总不能将女人猛然吃惊的神态恰如其分地表现出来。①一天，他回到家中，看到妻子正在聚精会神地整理衣服，忽然想到，如果冷不防地发出一声巨响，她必然会大吃一惊，一个女人吃惊的神态不就自然而然地表现出来了吗？于是，他随手抄起身旁的一只兰花瓷盆，狠狠地往地上一摔。"啪嚓"一声，妻子被吓得惊叫了一声："哎呀！"将手中的衣服掷了老远，半晌才说出话来。就在这一瞬间，梅兰芳准确地捕捉住了妻子的神情、动作。他据此反复琢磨、练习，将女人受惊后那种惊叫的神情、动作，恰当而又巧妙地融进有关的表演中，将人物刻画得更加活灵活现。

学艺需要指导，需要帮助，因而需要老师。许多人以为只有那些对自己艺术循循善诱、赞扬宣传的人才是自己的老师。②梅兰芳则不这样认为，他有一句名言："说吾孬者，乃吾师也！"这表现了他在学艺过程中的态度与宽阔的胸襟。这句名言是怎么来的呢？

有一次，梅兰芳在某大戏院演出他的拿手好戏《杀惜》。"好！好！"场内喝彩之声不断。可是，梅兰芳却在满场赞许声中注意到一个衣着朴素、年近六旬的老先生连连摇头。梅兰芳看在眼里，记在心里。戏演完以后，他来不及卸妆，就用专车将老人请到家中，恭恭敬敬地说："说吾孬者，乃吾师也！先生说我不好，

❶反问

这句话采用了反问的修辞手法，说明梅兰芳想要趁妻子不注意，吓吓妻子，让妻子自然展现吃惊的神态，表达出了梅兰芳钻研之认真。

❷引用

这句话引用了梅兰芳的一句名言，梅兰芳认为批评自己的人，是真正的老师，才会促使自己不断纠正错误。

必有高见，定请赐教，学生决心亡羊补牢。"这位老先生见梅兰芳如此诚恳谦虚，十分感动，便严肃地对梅兰芳说："梅先生饰演的剧中人阎惜姣上楼与下楼的台步，按梨园规定，应是上七下八，可你为何却演成上八下八？请问这是哪家传授的？"[①]梅兰芳听了恍然大悟，深感自己的疏忽，连声称谢。以后，梅兰芳每到该地演出，定请这位老先生到戏院前排就座，看戏指教，对他的批评指正总是虚心接受，细心揣摩，精益求精，使自己的演技完美无瑕。

经过勤学苦练，梅兰芳终于成为世界闻名的京剧大师。

❶叙述

这句叙述，说明梅兰芳并不因为老先生的批评而懊恼，而是虚心接受意见，最终达到臻于完美的境界。

精华赏析

通过梅兰芳的故事，我们懂得了做任何事情都要有信心和目标，遇到困难不要退缩，坚持不懈，勤学苦练，就一定能够弥补自己的不足，最终取得成功。

延伸思考

1. 梅兰芳为什么每天放飞鸽子？

2. 梅兰芳为什么想要吓一吓自己的妻子？

3. 梅兰芳是一个要求精益求精的人吗？

相关链接

梅兰芳创立的"梅派"艺术，是京剧旦行中首先形成的，影响极其深远的京剧流派。"梅派"主要是综合了青衣、花旦和刀马旦的表演方式，在唱、念、做、舞、音乐、服装、扮相等各个方面进行不断的创新和发展，将京剧旦行的唱腔、表演艺术提高到了一个全新的水平，达到了完美的境界。

抱负抉择

穷且益坚，不坠青云之志。

——王勃

大鹏一日同风起，扶摇直上九万里。

——李白

机不可失，时不再来。

——《旧五代史》

古之立大事者，不惟有超世之才，亦必有坚忍不拔之志。

——苏轼

壮心未与年俱老，死去犹能作鬼雄。

——陆游

贫不足羞，可羞是贫而无志。

——吕坤

做人不可有傲态，然不可无傲骨。

——陆陇其

当一个人用工作去迎接光明，光明很快就会来照耀着他。

——冯雪峰

天下就没有偶然，那不过是化了妆的、戴了面具的必然。

——钱锺书

但愿每次回忆，对生活都不感到负疚。

——郭小川[1]

最大的悲哀是生活中缺少选择的机会，人到老年所以迟暮，也在于他们已经无力选择了。

——周国平

人们常常以为拒绝是一种迫不得已的防卫，殊不知它更是一种主动的选择。

——毕淑敏[2]

[1] 郭小川（1919—1976），原名郭恩大，出生于河北省丰宁县一个知识分子家庭，是我国文学界一位富有才华的诗人。
[2] 毕淑敏，1952年10月出生于新疆伊宁，国家一级作家。

邓亚萍苦练球技

名师导读

　　人生是不断拼搏进取的，也许路上充满荆棘、逆流，我们应该迎难而上，只有这样才会让我们的人生更精彩，活得更有意义，就像故事中的邓亚萍一样。

　　众所周知，邓亚萍从小就酷爱打乒乓球，她梦想着有朝一日能够在世界赛场上大显身手。但年幼的她却因为个子矮、手腿粗短而被拒于国家队的大门之外。①但她并没有气馁，而是把失败转化为动力，苦练球技。

❶过渡句
这句话承上启下，引出下文主人公刻苦训练的努力和坚持。

　　付出总有回报，由于邓亚萍的执着和不怕吃苦，10 岁的她便在全国少年乒乓球比赛中获得团体和单打的两项冠军。而在进入国家队后，邓亚萍深知自己在外在条件方面存在不足，而唯一能弥补不足的就是训练。因此，每一次的训练，她都是超额完成。就拿上午的训练来说，每天上午队里要求练习到 11 点，要强的邓亚萍就练习到 11 点 45 分，而这样做就常常会错过午饭的时间，她只能回宿舍吃面包。就这样，持之以恒的努力终于吹开了梦想的花蕾——她如愿以偿地站上了世界冠军的领奖台。

在邓亚萍的运动生涯中，她总共夺得了 18 枚世界冠军奖牌。① 邓亚萍的出色成就，不仅为她自己带来了巨大的荣耀，也改变了世界乒坛只在高个子中选拔运动员的传统观念。

❶叙述

邓亚萍通过自己不懈的努力，终于站在了世界冠军的领奖台上，这是她的骄傲，也是中国人的骄傲。

精华赏析

人的一生需要有理想追求和远人的抱负，这样才会有丰富多彩的人生，才会活得更有意义。

延伸思考

1. 邓亚萍为什么被拒绝在国家队大门之外？

2. 在邓亚萍的运动生涯中，她得了多少块世界冠军奖牌？

3. 邓亚萍的成功改变了世界乒坛的什么传统观念？

相关链接

　　1996年，亚特兰大奥运会，邓亚萍又一次获得了女子单、双打两枚金牌。这期间，邓亚萍连续8年排在世界女子乒乓球第一的位置。20世纪80年代末到90年代末，邓亚萍几乎包揽了各大赛事的女子单、双打冠军。

成长与励志

逆境自强

天行健，君子以自强不息；地势坤，君子以厚德载物。

——《周易》

生于忧患，死于安乐。

——《孟子》

俯畏人言，仰畏天命，皆从磨炼后得来。

——曾国藩

自强为天下健，志刚为大君之道。

——康有为

患难困苦，是磨炼人格之最高学校。

——梁启超

有困难是坏事也是好事，困难会逼着人想办法，困难环境能锻炼出人才来。

——徐特立

青年人首先要树雄心，立大志；其次要度衡量力，决心为国家、人民做一个有用的人才；为此就要选择一个奋斗的目标来努力学习和实践。

——吴玉章[1]

---

[1] 吴玉章（1878—1966），原名永珊，字树人，四川荣县人。中国无产阶级革命家、教育家、语言文字学家，与董必武、徐特立、谢觉哉、林伯渠一起被尊称为"延安五老"。

改造自己，总比禁止别人来得难。

—— 鲁迅

一个人总是有些拂逆的遭遇才好，不然是会不知不觉地消沉下去的，人只怕自己倒，别人骂不倒。

——郭沫若

铁是愈锤炼愈坚韧的。

——闻一多

受苦是考验，是磨炼，是咬紧牙关挖掉自己心灵上的污点。

——巴金

火，只能把铁炼成钢，却无法把铁烧为灰烬。

——刘白羽[1]

不经风雨，长不成大树；不受百炼，难以成钢。

——雷锋

---

[1] 刘白羽（1916—2005），现当代散文家、小说家。

陈平分肉

名师导读

陈平（？—前178），阳武（今河南原阳）人，西汉王朝的开国功臣之一。刘邦死后，吕后以陈平为郎中令，辅佐教导惠帝。惠帝六年（前189），与王陵并为左、右丞相。

❶开门见山……
文章开头开门见山地介绍陈平的家庭背景，让读者对他有所了解，为下面的内容做铺垫，吸引读者的阅读兴趣。

①陈平，出身农家，是阳武县户牖乡人。陈平很小的时候，父母双亡，他的哥哥把他养大，还让他上学读书。

陈平成人后一表人才，到了谈婚论嫁的时候了，但是由于他家境贫寒，有钱人都看不起他，而贫穷人家，陈平也看不上，于是他的婚事就这么一直拖着，人们常常背后议论他，说他没出息。

陈平虽然穷困，但心志很高。他不愿老死乡里，不肯只低头耕作，而是千方百计交游豪侠。他热心公益事业，也给富家帮忙，一来讨几文小钱，二来展示自己的才华，希望得到有识之人的重用。

有一年村里举行祭祀大典，大家都推举陈平主持
分配祭肉，他依据乡情俗规，对祭祀的男女老幼、左
右邻居照顾妥帖，分配公平。父老乡亲一致赞扬："陈
平这后生，心眼儿真好，主持祭祀，非常尽心，分配
祭肉，十分公平，今年推了个好主持。"陈平叹息说：
① "唉，如果有一天我能为天下人办事，也会像分祭肉
一样公平。"听了这话后，原先在背后议论陈平的人，
说陈平没出息的人，从此对陈平另眼相看。人们都知
道他胸有大志，将来一定能干出一番大事业。不久，
一个姓张的大户人家，把孙女嫁给了陈平，陈平的终
身大事得以解决，从此他更加专心地为自己日后施展
才华而不断结交好友。

　　在后来刘邦统一天下的过程中，陈平得到了重用，
他成了刘邦不可缺少的谋士之一。

❶语言描写
　　这句话是
对陈平的语言描
写，说明陈平是
一个有大抱负的
人，能够公平公
正地处理事情，
就是缺少一个施
展才华的平台。

精华赏析

　　通过为村里主持分配祭肉这件小事，陈平充分展示了自己的才华
和抱负，让所有认识他的人都知道了他是个有理想、有志向的人，这
就是从小立志的巨大作用。

延伸思考

1. 人们为什么开始都看不起陈平？
2. 后来为什么人们对陈平刮目相看？
3. 陈平干了一番什么大事业？

相关链接

刘邦（前256或前247—前195），字季，沛县丰邑中阳里（今属江苏丰县）人。西汉王朝的建立者，公元前202—前195年在位，史称"汉高祖"。刘邦在位期间，在政治、经济等方面都采取了许多进步措施，并先后平定了诸异姓诸侯王的叛乱，这些都有利于西汉初年的经济恢复和中央集权的巩固。

真理信念

耳闻之不如目见之，目见之不如足践之，足践之不如手辨之。

——刘向

临渊羡鱼，不如退而结网。

——《汉书》

精感石没羽，岂云惮险艰。

——李白

百胜难虑敌，三折乃良医。

——刘禹锡

好事尽从难处得，少年无向易中轻。

——李咸用

精于理者，其言易而明；粗于事者，其言费而昏。

——杨万里

春花无数，毕竟何如秋实。

——陈亮

山不碍路，路自通山。

——吴承恩

天下无不可为之事。

——张居正

不有败，安有功。

——庄元臣

药石一时苦，饴饧后日安。

——陈确

木之有根，无长不实；人之有心，无运不成。

——唐甄

世人历险应如此，忍耐平夷在后头。

——郑燮

真理，哪怕只见到一线，我们也不能让它的光辉变得暗淡。

——李四光

凡事都要脚踏实地去做，不驰于空想，不骛于虚声，而惟以求真的态度作踏实的工夫。以此态度求学，则真理可明；以此态度做事，则功业可就。

——李大钊

只有忠实事实，才能忠实于真理。

——周恩来

人活着，总得有个坚定的信仰，不光是为了自己的衣食住行，还要对社会有所贡献。

——张志新[1]

---

[1] 张志新（1930—1975），天津人，曾任中共辽宁省委宣传部干事，革命烈士。

韩信背水一战

名师导读

韩信（？—前196），西汉开国功臣，中国历史上杰出的军事家、战略家。"国士无双""功高无二，略不世出"是楚汉时人们对韩信的评价。韩信熟谙兵法，为后世留下了大量的战术典故：明修栈道、临晋设疑、夏阳偷渡、木罂渡军、背水为营、拔帜易帜、传檄而定、沉沙决水、半渡而击、四面楚歌、十面埋伏等。

① 韩信是楚汉战争中的军事奇才。

汉高祖三年（前204）十月，韩信率一万名新招募的汉军越过太行山，向东攻打项羽的附属国赵国。赵王和大将陈馀已集中二十万兵力，占据了太行山以东的咽喉要地井陉口，准备迎战。井陉口以西，有一条长约百里的狭道，两边是山，道路狭窄，是韩信的必经之地。赵军谋士李左车献计：正面死守不战，派兵绕到后面切断韩信的粮道，把韩信困死在井陉狭道中。陈馀不听，

❶ 开门见山

文章开门见山地介绍韩信是楚汉战争中的军事奇才，为下文的介绍拉开了帷幕，吸引读者阅读兴趣。

说："韩信只有几千人，千里袭远，如果我们避而不击，岂不让诸侯看笑话？"

韩信探知消息后，迅速率领汉军进入井陉狭道，在离井陉口三十里的地方扎下营来。半夜，韩信派两千轻骑，每人带一面汉军旗帜，从小道迂回到赵军大营的后方埋伏，韩信告诫说：① "交战时，赵军见我军败逃，一定会倾巢出动追赶我军，你们火速冲进赵军的营垒，拔掉赵军的旗帜，竖起汉军的红旗。"其余汉军吃了些简单干粮后，马上向井陉口进发。到了井陉口，大军背靠河水排列阵势，高处的赵军远远见了，都笑话韩信。

天亮后，韩信设置起大将的旗帜和仪仗，率众出井陉口。陈馀率轻骑精锐蜂拥而出，要生擒韩信。② 韩信假装抛旗弃鼓，逃回河边的阵地。陈馀下令让赵军全营出击，直逼汉军阵地。汉军因无路可退，个个奋勇争先。双方厮杀半日，赵军无法获胜。这时赵军想要退回营垒，却发现自己大营里全是汉军旗帜，队伍立时大乱。韩信趁势反击，赵军大败，陈馀战死，赵王被俘。

战后，有人问："兵法上说，要背山、面水列阵，这次我们背水而战，居然打胜了，这是为什么呢？"韩信说："兵法上不是也说'陷之死地而后生，置之亡地而后存'吗？只是你们没有注意到罢了。"

❶语言描写
这句话是对韩信的语言进行的描写，说明韩信是一个善用兵法的人，知道敌军的弱点，声东击西，设巧计而胜。

❷动作描写
这句话中的动作描写说明韩信很有计谋，按着自己的计划一步步实行，让敌人不知不觉落入陷阱之中。

精华赏析

生活中如果陷入困境，不要慌张，只要奋发向上，必能绝处逢生。

延伸思考

1. 韩信为什么抛旗弃鼓？

2. 赵军为什么笑话韩信？

3. 你认为韩信是军事奇才吗？

相关链接

项羽（前232—前202），名籍，字羽，楚国名将项燕之孙，他是中国军事思想"兵形势"的代表人物（兵家四势：兵形势、兵权谋、兵阴阳、兵技巧），堪称中国历史上最强的武将之一，古人对其有"羽之神勇，千古无二"的评价。

生命生活

食不语，寝不言。

——《论语》

人生天地之间，若白驹之过隙，忽然而已。

——《庄子》

乐易者常寿长，忧险者常夭折。

——《荀子》

居处不理，饮食不节，佚劳过度者，病共杀之。

——韩婴

衣食者民之本。

——桓宽

病从口入，祸从口出。

——傅玄

善养生者……清虚静泰，少私寡欲。

——嵇康

无忧者寿。

——葛洪

沉忧能伤人，绿鬓成霜蓬。

——李白

愁与发相形，一愁白数茎。

——孟郊

中心无事当富贵，今日看君颜色好。

——顾况

口腹不节，致病之因；念虑不正，杀身之本。

——林逋

人莫不爱其生，故莫不厚其生；莫不厚其生，故莫不伤其生。

——杨万里

恼一恼，老一老；笑一笑，少一少。

——顾起元

为食也，宁失之少，勿犯于多。

——李渔

使一个人的有限的生命，更加有效，而也即等于延长了人的生命。

——鲁迅

本来，生命只有一次，对于谁都是宝贵的。

——瞿秋白[1]

晚饭少吃口，活到九十九。

——谚语

[1] 瞿秋白（1899—1935），本名双，字秋白。中国共产党早期主要领导人之一，伟大的马克思主义者，卓越的无产阶级革命家、理论家和宣传家。

对生活和学习充满信心的张海迪

名师导读

　　一场大病夺去了张海迪的双腿，躺在床上的张海迪没有自暴自弃，而是依靠坚强的意志和信心，获得了宝贵的财富，回报了父母和乡亲们的爱。

❶叙述

　　文章叙述了5岁以前的玲玲是个开心阳光的小女孩，对未来的生活充满了向往，这句话为下面的描写做了铺垫。

❷设问

　　这句话通过设问的手法，让读者明白玲玲的病很可怕，让读者为她难过。设问用在这里使故事扣人心弦。

　　张海迪于1955年出生在山东一个普通家庭，玲玲是她的小名。①5岁以前的玲玲活泼可爱，整天在家里跑来跑去，蹦蹦跳跳的，幸福而快乐。可是玲玲在5岁时突然得了重病，小小的她躺在妈妈的怀里，妈妈在医院的走廊里坐着，焦急地等待着医生。在医生看完玲玲的病后，玲玲竟然感觉到了妈妈在颤抖，可是小小的她并不知道是什么原因。

　　②玲玲到底得的是什么病？竟然如此可怕？原来她患上了脊髓血管瘤，而且病情反反复复地发作，很难治好。在后来的5年时间里，她做了3次大手术，脊椎板被摘去了6块，最后高位截瘫。就这样，原来活泼可爱

的小女孩，只能天天躺在床上。

① 看到小朋友们一起高高兴兴地跳皮筋，一起开开心心地去上学，玲玲脆弱而幼小的心灵都要被痛苦碾碎了。还好以前的小朋友们听说玲玲患了重病后，经常来家里看她，给她讲一讲学校里发生的新鲜事。

玲玲住在一座三层高的红色楼房里，她经常坐在窗口，看着来来往往的小孩子的身影，她的心里羡慕极了。她已经可以上学了，可是由于身体的原因她只能在家里待着，可是她也想背着书包去上学啊！

有一天，玲玲听到外面传来小朋友的声音，"哎呀，我忘记带雨伞了。""哎呀，我忘记带书包了。"玲玲好伤心，她也想感受一下和小伙伴一起上学的快乐，也想感受一下淋雨的清爽。可是，这只能是一个梦。② 有一天，玲玲再也抑制不住自己心里的渴望，她对妈妈说："我想上学！"可是因为生活不能自理，学校无法接收她。

学校进不去，玲玲就在床上铺开了课本。玲玲特别爱学习，她告诉自己："我要像在学校里的孩子一样，每天完成作业！"

尽管玲玲的决心是非常坚定的，可是病痛却是冷酷无情的。当病痛来临时，顽强的玲玲并没有掉一滴眼泪，实在忍受不了的时候，她就使劲拉扯自己的头发，来分散自己的注意力，用这种疼痛来代替病痛。慢慢地，她拉扯掉的头发，都可以编成一条小辫子了，她忍受了多

❶心理描写 ………

玲玲看到小朋友们每天开开心心地玩耍，她的内心十分痛苦，身体的病痛折磨着她，让读者也很同情玲玲的遭遇。

❷语言描写 ………

玲玲的这句"我想上学！"说出了她内心的渴望，她是多么希望能和小朋友一起上学、一起玩耍呀，可是身体的病痛让她又不能和小朋友们一样，这让读者深深体会到玲玲的伤心。

少痛苦啊！

对于聪明好学的玲玲来说，家是一所特殊的学校。在这所学校里，她学到了许多知识。玲玲最喜欢的功课是语文，10岁时她就可以读完长篇小说了，虽然她读起来很吃力，但是她从来不会气馁。她非常喜欢看的一本书是《卓娅与舒拉的故事》。

除语文之外，玲玲在别的功课上也非常努力，她从来不愿意浪费一点儿时间。整个童年时期，她努力学习，用顽强的意志力，通过自学完成了小学和中学的所有课程。① 玲玲曾说过，她没有荒废美好的时光，没有对不起自己珍贵的童年时代。

在那座三层楼的楼房里，张海迪一住就是15年，朋友们的爱、父母的爱，鼓舞着张海迪，使她对生活和未来充满了信心。1970年春，张海迪跟随父母来到山东莘县的十八里铺镇一个名叫尚楼村的小村庄，开始了一家人的农村生活。

刚开始的时候，张海迪对农村的生活很陌生，那里没有自来水，没有电灯，生活非常艰苦。但是从朴实的农民身上，张海迪却看到了更加朴实真诚的爱。② 到莘县的第一天，天气非常晴朗，空中的白云像大朵大朵的棉花。不一会儿，张海迪的身边就围了一群十几岁的孩子，他们争着问她："海迪姐姐，你是城里人吧？你的脸好白净啊，你的腿是怎么回事呢？"看着他们天真无邪的笑脸，张海迪莫名地开心了起来，并把自己的情况

❶叙述
这句话对玲玲曾经说过的话进行了叙述，说明她没有虚度时光，她认真对待来之不易的学习机会，让读者敬佩不已。

❷比喻
这句话运用了比喻的修辞手法，把天空的白云比作大朵大朵的棉花，说明农村的空气清新，天气晴朗，也表现了张海迪的美好心情。

慢慢地讲给他们听。

只半个月的时间，张海迪就融入了乡村生活，和乡亲们的关系也变得非常融洽。乡亲们都热情地给张海迪送去咸菜、地瓜等吃食，还特地给她制作了一把木轮椅。孩子们都非常乐意推着这个大姐姐出门去散步。一个男孩喊着："姐姐，我来推你！"另一个男孩抢先一步说："我来，我来！"经过一番争抢，他们轮流推着张海迪，来到了郊外的田野上。

① 为了报答乡亲们朴实无华的爱，张海迪总想着为他们做些什么。当时，村里的医疗条件比较差，人们生病了只能到很远的卫生院治疗，很不方便。后来她开始自己学习医术，并让爸爸给她买了听诊器、体温表，还有用来针灸的银针。终于，她通过自己的学习，渐渐掌握了医学知识，成了一名坐在轮椅上的乡村医生。

在莘县的那段日子里，张海迪为村民治病1万多人次，她的针灸医术在当地非常有名，来找她看病的人纷至沓来。由于长时间靠在轮椅上看病，张海迪的肋间神经经常会一阵阵地剧痛，她的脊椎甚至都成了S形。② 但是为了给村民看病，为了回报乡亲们的爱，张海迪一直坚持着。

知识是永远的财富。强忍着疼痛，努力学习知识的张海迪最终拥有了属于自己的宝贵财富。

❶ 叙述

这句话表明张海迪想要报答乡亲们对她的照顾，说明她是一个知道感恩的人。

❷ 转折

虽然张海迪长时间地坐在轮椅上给乡亲们看病，脊椎都成了S形，但是她毫不在意，忍着身体的痛，坚持行医看病。

171

精华赏析

　　被病魔纠缠的张海迪依然对学习和生活充满了热爱，没有学校、没有老师的她，以非凡的毅力，依靠自学完成了学业，用自己的行动帮助人。而我们拥有健康的身体，拥有美丽的学校和谆谆教诲我们的老师，我们更应该勤奋学习，用知识武装自己，成为对社会有用的人。

延伸思考

1. 小张海迪看到小朋友们玩耍时心里难过吗？
2. 张海迪用什么方式回报乡亲们的爱？
3. 你认为张海迪是一个什么样的人？

相关链接

　　针灸是针刺和灸法的总称。针刺，是应用各种特制针具，施行不同的刺激方法于经络穴位以防治疾病；灸法主要是用艾绒等物熏灼经络穴位以防治疾病。"中医针灸"被列入人类非物质文化遗产代表作名录。

个人成长

亲 情

哀哀父母，生我劬劳。

——《诗经》

不得乎亲，不可以为人；不顺乎亲，不可以为子。

——《孟子》

父母之所爱亦爱之，父母之所敬亦敬之。

——《礼记》

父母者，人之本也。

——司马迁

大明无偏照，至公无私亲。

——张蕴古[1]

独在异乡为异客，每逢佳节倍思亲。

——王维

慈孝之心，人皆有之。

——苏辙[2]

骨肉之间，多一分浑厚，便多留一分天性，是非上不必太明。

——黄宗羲

---

[1] 张蕴古（？—631），相州洹水（今河南安阳）人。唐初学者、官员。

[2] 苏辙（1039—1112），字子由，眉州眉山（今属四川）人。北宋时期官员、文学家，"唐宋八大家"之一。

凡为父母的，莫不爱其子。

——陈宏谋[1]

暗中时滴思亲泪，只恐思儿泪更多。

——倪瑞璇

母性的伟大不在于理智，而在于那种直觉的感情。

——傅雷[2]

侍于亲长，声容易肃，勿因琐事，大声呼叱。

——周秉清

对孩子的爱是一种自私的无私，一种不为公的舍己。

——周国平

---

[1] 陈宏谋（1696—1771），广西临桂（今桂林）人。雍正进士。
[2] 傅雷（1908—1966），字怒安，号怒庵，江苏南汇（今属上海市浦东新区）人。著名的翻译家、作家、教育家、美术评论家。

汉高祖敬父

汉高祖刘邦（前256或前247—前195），西汉王朝的开国皇帝。他出身农家，早年当过亭长，为人豁达大度。在与项羽展开争夺天下的长达五年的楚汉战争中，刘邦一直处于劣势，屡屡败北。但他知人善任，注意纳谏，能充分发挥部下的才能，又注意联合各地反对项羽的力量，于公元前202年战胜项羽，建立汉朝。

汉高祖刘邦，字季，沛县丰邑中阳里（今属江苏丰县）人。公元前206年，刘邦推翻秦朝；公元前202年，击败项羽后，他统一了天下，登上了帝王的宝座。

❶转折

虽然刘邦日理万机，但还是坚持去看望父亲刘太公，说明刘邦很孝敬父亲，这是做人的最基本的底线。

① 刘邦很讲孝道，做了帝王后，即使每天日理万机，他仍然坚持每五天去看望父亲刘太公一次。在刘太公面前，刘邦没有一点儿皇帝的威严，像普通儿子一样，做自己该做的一切，尽自己该尽的孝道。

太公的管家觉得不安，一次他对太公说："天无二

176

日，国无二主。陛下虽是您的儿子，却是皇帝；太公虽是父亲，却是臣民。怎能让皇帝礼拜臣民呢？这样，一国之君的威严怕无法保证。"

刘太公觉得管家的话有道理，再听说刘邦驾到时，他便手持扫帚，打扫院子，企图以此来阻止儿子行礼，并对儿子行臣见君的礼节。① 刘邦见状大惊失色，连忙扶住太公，不让他行人臣之礼。太公说："皇帝是一国之主，岂能因我而坏了天下的法规呢？"刘邦仍坚持不肯。

回宫后，刘邦反复思量该如何解决这一问题。他突然想起，若尊父亲为太上皇，皇上对太上皇行子对父的礼节，名正言顺，这个问题不就迎刃而解了吗？

次日，他下诏尊太公为太上皇，他对父亲仍行人子的礼节。从此，这便成了封建王朝的一种制度。

❶多种描写
这句话中既有神态描写，又有动作描写，说明刘邦看到父亲要给自己行君臣之礼时很吃惊，当再大的官也是父亲的儿子，这是做人的道理。

精华赏析

国有国法，家有家规。国家法度不能废，家庭礼节更不能乱。刘邦的做法是人子对自己的父亲应有的态度。

1. 刘邦到来时，刘太公为什么要拿扫帚扫地？

2. 刘邦看到父亲要给自己行君臣之礼时，是怎么做的？

3. 刘邦为什么要封父亲为太上皇？

相关链接

公元前221年，秦王嬴政统一六国，结束了长期的诸侯割据局面，建立了一个以咸阳为首都的幅员辽阔的国家。秦王嬴政自以为"德兼三皇，功高玉帝"，决定兼采传说中三皇五帝的尊号，号称"皇帝"，他是第一代皇帝，所以称为"始皇帝"，后世子孙代代相承，递称二世皇帝、三世皇帝，乃至万世皇帝。皇帝是封建国家的最高统治者，从秦始皇以后，中国历代封建君主都称皇帝。秦始皇为了显示自己独一无二的至尊地位，规定皇帝自称"朕"，又废除子议父、臣议君的"谥法"，并制定了一套尊君抑臣的朝仪和文书制度。

友 情

一死一生，乃知交情；一贫一富，乃知交态；一贵一贱，交情乃见。

——《史记》

上交不谄，下交不骄，则可以有为矣。

——扬雄

人生贵相知，何必金与钱。

——李白

丈夫结交须结贫，贫者结交交始亲。

——高适

人生交契无老少，论交何必先同调。

——杜甫

本以势利交，势尽交情已。

——崔膺

与邪佞人交，如雪入墨池，虽融为水，其色愈污；与端方人处，如炭入薰炉，虽化为灰，其香不灭。

——许棐

与人处当执谦，然不可媚悦。

——胡居仁

友也者，为贫之财，为弱之力，为病之药焉。

——王肯堂

人生贵知心，定交无暮早。

——袁中道

丈夫重知己，万里同一乡。

——陈子龙

友如作画须求淡，山似论文不喜平。

——翁照

友谊是两颗心真诚相待，而不是一颗心对另一颗心的敲打。

——鲁迅

朋友是不分国籍，不限年龄，不拘性别的，只要理想相同，兴趣相近，情感相洽，意气相投的人，都可以很坚固地联结在一起。

——冰心

管鲍之交

管仲（？—前645），姬姓，管氏，名夷吾，字仲，颍上（颍水之滨）人，周穆王的后代。他是春秋时期法家代表人物，被后人尊称为"管子"。他是我国古代著名的哲学家、政治家、军事家，被誉为"法家先驱""圣人之师""华夏文明的保护者""华夏第一相"。

管仲和鲍叔牙是一对好朋友。鲍叔牙是齐国的贵族，而管仲家境贫寒，生活很窘迫。两人尽管身份悬殊，但鲍叔牙非常欣赏管仲，两人曾经合伙做生意，鲍叔牙还经常在经济上帮助管仲。① 后来，管仲辅佐公子纠，鲍叔牙则辅佐公子小白。公子小白在与公子纠争夺王位的斗争中获胜，成了齐国国君，即齐桓公。管仲却由于在一次争斗中差点儿一箭射死齐桓公，被囚禁了起来。

那个时候，周王室衰微，诸侯你争我夺，都想称霸。

❶叙述

这句话表明一对好朋友虽然辅佐的对象不同，但是丝毫不影响他们之间的友谊，揭示了真朋友的意义。

181

刚即位不久的齐桓公励精图治，一心想成就自己的霸业，便请鲍叔牙出任相国。不料鲍叔牙说什么也不肯接受，他极力向齐桓公推荐管仲，并从五个方面陈述了自己不如管仲的地方。

❶反问

这句话是对齐桓公的语言进行的描写，说明齐桓公忌讳管仲差点儿射死自己，通过反问，强调自己的意思。

齐桓公听后非常犹豫地说：^① "可他差点儿一箭射死寡人，你叫寡人怎么能重用自己的仇人呢？"

鲍叔牙说："臣听说，管仲那时完全是为了效力君主，这恰好说明他的忠心耿耿。君王如果赦免了他，管仲一定也会为您那样去做的！"

鲍叔牙说得头头是道，齐桓公终于不再计较一箭之仇，任命管仲为齐国相国。

鲍叔牙推荐管仲后，便自觉地把自己置于管仲之下，对管仲十分尊敬。管仲也不负众望，一心为齐国做事，废寝忘食，积极推进改革，成为我国历史上著名的政治家。

❷语言描写

这句话是管仲的肺腑之言，说明他能取得成就都是因为朋友鲍叔牙的帮助，表达了管仲对鲍叔牙的感激之情。

面对举国的赞誉，管仲感慨万分地说：^② "我管仲有今天，全都是因为知心朋友鲍子（即鲍叔牙）！当年，他向齐王举荐我时，讲了自己五个方面不如我。殊不知我同样也有五个方面不如他。当初我们合伙做生意，分利时我总是设法多拿一点儿，他觉得这是因为我家贫穷，不认为我这是贪财；我曾替他出主意，结果反而让他生意上遭受损失，他觉得那是条件不成熟，并不是因为我愚笨；我三次做官三次被撤职，他觉得是机遇不好，而不认为我无能；我在战斗中曾三次逃脱，他知道是因为我有老母亲需要赡养，从不认为我懦弱；最痛心的是我曾参加过对抗桓公的战斗，鲍叔牙觉得这是我想出人头地施展自己的才能，没认为这是我不可宽恕的罪恶。生我者父母，知我者鲍子啊！"

①后来，人们在谈及管鲍之交时，无不把更多的钦佩倾注在鲍叔牙那一片对朋友赤诚无私的友爱上。

❶回归主旨
一生中如果有这样的知己，是何等的幸福，我们对待朋友也要如此啊！

精华赏析

什么是朋友？朋友是一种相遇，朋友是一种相互认可，朋友是一种相契，朋友是一种相伴，朋友是一种相助，朋友是一种关爱。但我们不要忘了，朋友最为可贵的还是相互理解与信任。

延伸思考

1. 为何管仲被囚禁了起来？
2. 齐桓公为什么不想重用管仲？
3. 你有这样的朋友吗？

相关链接

管仲二十多岁的时候就结识了鲍叔牙，那时他们二人还合伙做了点买卖。管仲因为家境贫寒，合伙时就出资少些，鲍叔牙就出资多一些。二人合伙，生意做得还不错。可是，有人发现管仲用挣的钱先还了自己的一些债务，还有令很多人所不理解的是，到年底分红时，鲍叔牙分给了管仲一半的利润，而管仲也欣然接受了。鲍叔牙手下的人看不过去，就对鲍叔牙说，管仲出资少，平时他开销又大，年底还要照样和他平分效益，显然管仲是个十分贪财的人，他怎么能厚着脸皮接受这些钱呢？听到这些话，鲍叔牙则对他的手下说："你们满脑子里装的都是钱，你们就没有发现管仲的家里十分困难吗？他比我更需要钱，我和他合伙做生意，就是想要帮帮他，这是我乐意做的事。"

自 尊

人必其自爱也，而后人爱诸；人必其自敬也，而后人敬诸。

——扬雄

大丈夫宁可玉碎，不能瓦全。

——李百药

人生感意气，功名谁复论。

——魏徵

士穷乃见节义。

——韩愈

三生不改冰霜操，万死常留社稷身。

——海瑞

一身轻似叶，所重全名节。

——李玉

自尊心是进步之母，自贱心是堕落之源，故自尊心不可无，自贱心不可有。

——邹韬奋[1]

---

[1] 邹韬奋（1895—1944），本名恩润，笔名韬奋。中国记者和出版家。

不为五斗米折腰

名师导读

陶渊明（365—427），一名潜，字元亮，世称"靖节先生"，浔阳柴桑（今江西九江西南）人。东晋诗人、辞赋家。他曾任江州祭酒、建威参军、镇军参军、彭泽县令等职。最后一职为彭泽县令，八十多天便弃职而去，从此归隐田园，绝意仕途。他是我国第一位田园诗人，著有《陶渊明集》。

公元 399 年，晋安帝在位的时候，会稽郡一带爆发了孙恩、卢循领导的农民起义。过了两年，十几万起义军逼近建康，东晋王朝出动北府兵才把起义镇压下去。

这时候，东晋的统治集团内部又乱了起来，大臣桓温的儿子桓玄占领了长江上游，带兵攻进建康，废了晋安帝，自立为帝。过了三四个月，北府兵将领刘裕打败桓玄，迎接晋安帝复位，①从那以后，东晋王朝名存实亡了。

❶背景说明
交代了故事发生的背景。

在这个动荡不安的年代里，在浔阳柴桑这个地方，有一个有名的诗人，名叫陶渊明，因为看不惯当时政治的腐败，在家乡隐居。陶渊明的曾祖父是东晋名将陶侃，虽然做过大官，但不是士族大地主，到了陶渊明这一代，家境已经很贫寒了。

陶渊明从小喜欢读书，不想求官，家里穷得常常揭不开锅，但他还是照样读书作诗，自得其乐。他的家门前有五棵柳树，因此他给自己起了个别号，叫五柳先生。

①后来，陶渊明越来越穷了，靠自己耕种田地，也养不活一家老少。亲戚朋友劝他出去谋个一官半职，他没有办法只好答应了。当地官府听说陶渊明是名将后代，又有文才，就推荐他做了个参军。但是没过多少日子，陶渊明就看出当时的官员互相倾轧，心里很厌烦，于是要求出去做个地方官。上司就把他派到彭泽（在今江西省）当县令。

当时做个县令，官俸是不高的。陶渊明一不搜刮民财，二不贪污公粮公款，因此日子过得并不富裕，但是比起他在柴桑家里过的穷日子，当然要好一些。②再说，他觉得留在一个小县城里，没有什么官场应酬，还比较自在。

有一天，郡里派了一名督邮到彭泽视察。县里的小吏听到这个消息，连忙向陶渊明报告。陶渊明正在他的内室里捻着胡子吟诗，一听到来了督邮，十分扫兴，但没有办法，还得迎接。他勉强放下诗卷，准备跟小吏一

❶起因

这句话写出陶渊明去当官的起因，因为家里太穷了，根本养活不了家人，实在没有办法，只好求取官职，揭示了陶渊明是为生活所迫才走进官场的。

❷解释说明

虽然日子清苦，但是也能过活，小县城少了官场的应酬，反而清净了许多，说明陶渊明为官清廉。

187

起去见督邮。

小吏一看他身上穿的还是便服，吃惊地说："督邮来了，您该换上官服，束上带子去拜见才好，怎么能穿着便服去呢！"

陶渊明向来看不惯那些依官仗势、作威作福的督邮，一听小吏说还要穿官服行拜见礼，更受不了这种屈辱。他叹了口气说：① "我可不愿为了这五斗米的官俸，去向那号小人打躬作揖！"

说完，他也不去见督邮了，索性把身上的印绶解下来交给小吏，辞职不干了。

陶渊明回到柴桑老家，觉得这个乱糟糟的局面跟自己的志趣、理想离得太远了。从那以后，他下决心隐居过日子，空下来就写诗歌文章来抒发自己的心情。

❶语言描写
这句话说明陶渊明不卑不亢的性格特点，不想为了五斗米的官俸去阿谀奉承。

精华赏析

东晋时期，官场污浊黑暗，很多做官的人都腐败傲慢。陶渊明有骨气、有救济天下苍生的志向，不在乎功名利禄，正因为如此，他宁可不做官，也不愿和小人同流合污。陶渊明"不为五斗米折腰"表达了他坚守自尊、不畏权贵的态度。

延伸思考

1. 陶渊明为什么走入官场？

2. 陶渊明给自己起的别号是什么？

3. 陶渊明为什么辞去官职？

相关链接

东晋末年，不堪奴役之苦的广大农民，爆发了以孙恩、卢循为首的农民大起义。举事农民以五斗米道为掩护，主要活动于今江苏、浙江一带，时机有利则登陆而战，时机不利则退居其上，守时待势。这支起义队伍不断骚扰建康周边，至元兴元年（402），孙恩在进攻临海时被东晋临海太守辛景打败，孙恩投水而死。孙恩死后，起义队伍共推卢循为主。孙恩、卢循起义被镇压后，东晋王朝的实力已经消耗殆尽。

意 志

我们如果要测量一个人有多少人性，最好的标准就是他对于抵抗力所拿出的抵抗力。换句话说，就是他对于环境困难所表现的意志力。

——朱光潜[1]

切不可听到一二个懦夫的劝阻与黑暗的朋友的威吓，自己就软弱下来，放弃应有的努力，特别在那稍纵即逝的紧急关头。

——方志敏

一个人的垮，不是垮在客观压力上，而是垮在自己意志的不坚定上。

——邓友梅[2]

苦难是一种积蓄，一种不断给人的生命意志补充养分的积蓄。

——陈祖芬[3]

---

[1] 朱光潜（1897—1986），别名孟实，安徽桐城人。现当代著名美学家、文艺理论家、教育家、翻译家。
[2] 邓友梅，生于1931年，笔名右枚等，祖籍山东省平原县邓庄村。作家。
[3] 陈祖芬，生于1943年，上海人。作家。

李时珍呕心沥血著《本草纲目》

名师导读

李时珍（1518—1593），字东璧，晚年自号"濒湖山人"，蕲州（今湖北蕲春）人，明代著名医药学家。继承家学，致力于药物和脉学研究，重视临床实践与革新。

李时珍在进行医疗实践的同时，对历代医药书籍，如《神农本草经》《本草经集注》《唐本草》《开宝本草》等进行了广泛阅读研究。他发现旧"本草"非但不完善，甚至还有很多错误，便立志要把旧的药书加以整理补充，写出一部分类更加详细和准确的药物学著作。

从 1552 年起，李时珍开始写《本草纲目》，共经历了二十七年的时间，最终在 1578 年写成了《本草纲目》一书。[①] 这段时间，李时珍可以说是"行万里路，读万卷书"，呕心沥血，历尽千辛万苦。

《本草纲目》一面世立即受到了人们的欢迎，风靡

❶引用

这句话中引用名句来说明李时珍写作《本草纲目》历尽艰辛，表明了《本草纲目》的来之不易。

❶叙述

这句话说明《本草纲目》不但在国内受到赞誉，在国外也被称赞，揭示了李时珍为医药事业所做出的巨大贡献。

全国，人人争相传阅。

随着中外文化的交流，《本草纲目》也受到世界各国的重视。①西方人称之为"东方医学的巨著"。李时珍为中国及世界文明所做的贡献，使他同《本草纲目》一起被永远载入了史册。

精华赏析

李时珍是一位意志坚强而且有严肃认真科学态度的伟大药学家，抱着严谨的治学精神，给后世留下了不朽的药学巨著，为我国医药事业做出了巨大贡献。

延伸思考

1. 李时珍从什么时候开始写《本草纲目》的？

2. 西方人为什么称《本草纲目》为"东方医学的巨著"？

3. 我们要学习李时珍的什么精神？

相关链接

《神农本草经》又称《本草经》或《本经》，秦汉时人托名"神农"所作，成书于汉代，是中医四大经典著作之一，是已知最早的中药学著作。《神农本草经》全书分三卷，共载药物365种，详述药物性味、功用和主治。

青 春

青春须早为，岂能长少年。

——孟郊

题诗寄汝非无意，莫负青春取自惭。

——于谦

百金买骏马，千金买美人；万金买高爵，何处买青春？

——屈复[1]

青年者，人生之王，人生之春，人生之华也。

——李大钊

青年是整个社会力量中的一部分最积极最有生气的力量。他们最肯学习，最少保守思想，在社会主义时代尤其是这样。

——毛泽东

青春像只唱着歌的鸟儿，已从残冬窟里闯出来，驶入宝蓝的穹窿里去了。

——闻一多

---

[1] 屈复（1668—1745），清代诗人，著有《弱水集》等。

青春应该怎样度过？有的如同烈火，永远照耀别人。有的却像荧光，甚至也照不亮自己！不同的生活理想，不同的生活态度，决定一个人在战斗中站的位置。

——吴运铎[1]

青春的魅力，应当叫枯枝长出鲜果，沙漠布满森林。

——郭小川

长大了以后，你才会知道，在蓦然回首的刹那，没有怨恨的青春才会了无遗憾，如山冈上那轮静静的满月。

——席慕蓉[2]

人年轻的时候可以张狂一点，因为年轻人不怕犯错误，错了还有机会重来。老了就不行，错了就是错了，再也没有机会。

——姚明[3]

---

[1] 吴运铎（1917—1991），祖籍湖北武汉。被誉为"中国的保尔·柯察金"。
[2] 席慕蓉，生于1943年，当代画家、诗人、散文家。
[3] 姚明，生于1980年，前中国职业篮球运动员，司职中锋。现任中国篮协主席。

青春需要奋斗

名师导读

　　孙敬和苏秦都是我国历史上有名的政治家，和大多数成功者的故事一样，他们的成功都不是一蹴而就的，而是经过千锤百炼取得的。青午时期的孙敬和苏秦勤奋学习的故事，成就了"头悬梁、锥刺股"的典故，一起来读读吧！

　　青春是非常美好的，很多人白白浪费了大好的青春时光，而有些人却在青春时期刻苦努力学习，用奋斗来充实青春时光。

　　东汉时期，有个名叫孙敬的人，是当时有名的政治家。

　　①孙敬年轻的时候勤奋好学，常常闭门不出，一个人在家里不厌其烦地读书。每天都从早上读到晚上，经常忘记了吃饭和睡觉。

　　有时候到了半夜三更，孙敬还在苦读，因为读书读得时间长了，劳累不堪，会不知不觉打瞌睡。孙敬害怕

❶叙述

　　这句话形象地介绍了年轻时候的孙敬非常喜欢读书，废寝忘食地读书。我们也要学习这种刻苦读书的精神，只有这样才不会白白地浪费青春。

这样影响到自己的学习，于是就想到了一个办法。孙敬找来一根长长的绳子，把自己头发的另一头绑在屋子的房梁上。①这样，当他读书读到打瞌睡的时候，只要他一低头，绳子就会拉扯到他的头发，这样孙敬就会感觉到疼痛，立马就变得清醒了，于是就可以接着读书学习了。这就是"孙敬悬梁"读书的故事。

战国时候，有个名叫苏秦的人，也是当时著名的政治家。

苏秦年轻的时候，没有认真学习过，因此没有什么学问，他到很多地方做事，都没人重视他。

②这种情况深深地刺激了他。因此他暗暗下定决心，要发奋图强，努力学习知识。

苏秦每天读书学习到深夜，实在疲倦的时候就会打盹，想要睡觉。于是他也想了一个办法，就是每当自己打瞌睡的时候，他就用一把锥子刺一下自己的大腿。这样，他就能感受到疼痛，让自己瞬间清醒，然后继续读书。这个故事就是"苏秦刺股"读书的故事。

①叙述
这句话详细地讲述了孙敬在读书的时候打瞌睡就会被绳子扯到头发，马上清醒过来，继续读书，这种学习精神值得敬佩。

②承上启下
这段话是过渡段，起到了承上启下的作用。

精华赏析

古代的贤士名家为了发奋读书，用了很多方法来督促自己。每个人的成功都离不开勤奋和刻苦。孙敬和苏秦的故事告诉我们，成功没有捷径，而是靠勤奋和努力达成的。我们要学习古人这种发奋读书、刻苦学习的精神。

延伸思考

1. 孙敬为防止自己打瞌睡想到了什么好方法？
2. 苏秦读书的时候犯困又是怎么做的呢？
3. 你们佩服他们的学习精神吗？

相关链接

悬梁刺股，是汉语中的一则成语，这则成语由孙敬"头悬梁"和苏秦"锥刺股"的故事组成，用来形容学习刻苦。

人生与价值

骄 傲

富贵而骄，自遗其咎。

——《老子》

满招损，谦受益。

——《尚书》

自足者不足，自明者不明。

——刘虞[1]

自满者败，自矜者愚。

——林逋

贪满者多损，谦卑者多福。

——欧阳修

傲骨不可无，傲心不可有。

——张潮

自恃其聪与敏而不学者，自败者也。

——彭端淑[2]

不骄方能师人之长，而自成其学。

——谭嗣同

---

[1] 刘虞（？—193），字伯安，东海郯县（今山东郯城）人。东汉末年著名政治家，汉室宗亲。

[2] 彭端淑（约1699—约1779），字乐斋，眉州丹棱（今四川丹棱）人。清朝官员、文学家。

知识的问题是一个科学问题，来不得半点的虚伪和骄傲，决定需要的倒是其反面——诚实和谦逊的态度。

——毛泽东

骄傲自满是我们的一座可怕的陷阱；而且，这个陷阱是我们自己亲手挖掘的。

——老舍

墙角的花！你孤芳自赏时，天地便小了。

——冰心

九牛一毫莫自夸，骄傲自满必翻车。

——陈毅

"无知"是骄傲最肥沃的土壤。

——秦牧

戒骄戒躁的少年柳公权

名师导读

柳公权（778—865），字诚悬，汉族，京兆华原（今陕西铜川市耀州区）人。柳公权是唐代著名的书法家，12岁的时候，他的书法就非常有名了，因此小小年纪的他开始骄傲自满、目中无人起来。幸好得到一位老爷爷的及时纠正，才改变了这种错误的思想，摆正了自己的学习态度，最终取得了更大的成就。

读书笔记

柳公权出身于书香门第，其父是当时非常有名的大儒，精通各种史书；其母也是一代才女，善于作诗写文章。柳公权的伯父柳子华，喜爱书法，也非常有名气，他收藏了许多秦汉以来的书法家的碑文、字帖。柳公权似乎天生就拥有书法天赋，伯父一指点，他就入了门，再加上他练习书法非常刻苦，因此进步非常快。就练习书法、写作文章和读经书而言，柳公权更喜欢书法。柳公权12岁的时候，作诗和写文章取得了非常大的成就，但是他当时的书法已经名声在外了。很多学者、名流前来拜访他，他们看到柳公权的字，都连连惊叹。

①柳公权在人们的赞扬声中，逐渐变得骄傲自满起来，不管是写文章、背诗，还是做别的事情，只要落后于别人，就提出要和别人比试书法；和客人谈话，或者跟小伙伴一起做游戏的时候，也一定要提及书法，以表明自己的优秀。对此，哥哥和父母都察觉到了，并多次对他提出了批评，可是柳公权并不以为然，表面上说会改正，但是心里却不服气，依然和以前一样。

❶叙述

这句话叙述了柳公权在人们的赞美声中，变得骄傲自满，只要别处稍微落后于人，就要和别人比试书法。

一天，柳公权和朋友们在村头玩将军骑大马的游戏，他逞强好胜，非要自己当将军，让小朋友当马给他骑，其他的小朋友并不愿意，于是他便提出要跟他们比试书法，谁书法写得好，就让谁当将军。②说完，他也不管小朋友们同意与否，就从兜子里掏出了纸和笔，自顾自地写了起来。正在这时，一个卖豆腐的老爷爷从这里经过，他见柳公权蛮不讲埋，肆意妄为，非常生气，于是放下豆腐挑子，走上前来看他写字，并准备对他教育一番。

❷动作描写

这句话用一连串的动作表现出柳公权的骄傲自满。

柳公权写完一篇字之后，正想要对小朋友们炫耀，却发现一位老爷爷在看他的字，于是就主动把字递给了老爷爷说："老爷爷，我是柳公权，我写的字还可以吧？"柳公权是想讨老爷爷几句赞美的话。老爷爷听说他就是柳公权，知道他写的字好，心里的火就消了一多半。老爷爷又仔细端详了他的字,确实写得很好,本来想赞美他几句,可是刚才看到他小小年纪竟然如此傲慢无礼,知道他现在已经开始得意忘形了,如果不及时归正,他将来肯定难有所成。① 于是老爷爷就开导他:"你写的字有啥好的?城里面有位姓汤的老年人,人家没有双臂,用脚写的字都比你写的字要好多了。"

柳公权听后非常吃惊,眼睛瞪得大大的,问道:"真有这样的事情?"

老爷爷说:"你如果不相信,可以去城里看看,孩子,你难道不知道'天外有天,人外有人'吗?什么时候都不可以骄傲自满啊!"

② 柳公权羞愧得说不出话来。

第二天天刚亮,柳公权就跑到城里,去找那位姓汤的老人。他刚刚进入城门,就看到了一位没有双臂的老人,真的是用双脚在写字,他的字写得刚劲雄浑,龙飞凤舞。柳公权扑通一下跪在了地上,请求道:"您就是姓汤的老爷爷吧?我是柳公权,从今往后,我再也不敢骄傲自满、目中无人了,请您做我的老师吧!"

老人刚开始的时候不答应,但是看到柳公权的确满心诚意,也就答应了他。

从那之后,柳公权开始虚心学习,戒骄戒躁,取人之长,补己之短,最终他的书法自成一家,成为独树一帜的"柳体",③ 与颜真卿的"颜体"齐名,并称为"颜筋柳骨"。

❶语言描写
老爷爷说这样的话,是想让柳公权知道人外有人,天外有天,骄傲自满终究会一事无成。

❷神态描写
柳公权听了老爷爷的话后,羞愧得无地自容。

❸特定称谓
引号表示特定称谓,形象生动地对二人的书法特点进行了概括。

精华赏析

　　骄傲自满是成功路上最大的拦路虎。拥有一点儿小小的成就就开始扬扬自得，不思进取，那么就很难再有更大的进步。不管拥有多大的成就，都保持谦虚平稳的心态，才能学到更多的知识，获得更大的进步。

延伸思考

1. 柳公权为什么会骄傲自满？
2. 柳公权改掉骄傲的坏毛病了吗？
3. 柳公权和谁有同样的声望？

相关链接

　　颜真卿（709—784），字清臣，京兆万年（今陕西西安）人，唐代名臣、书法家。颜真卿书法精妙，创"颜体"楷书，对后世影响很大。与赵孟頫、柳公权、欧阳询并称为"楷书四大家"。

烦 恼

弃我去者，昨日之日不可留；乱我心者，今日之日多烦忧！

——李白

烦恼数中除一事，自兹无复子孙忧。

——元稹[1]

世上本无事，庸人自扰之。

——《新唐书》

少年不识愁滋味，爱上层楼。爱上层楼，为赋新词强说愁。

——辛弃疾

岂能尽如人意，但求无愧我心。

——刘伯温

把烦恼当成脸上的灰尘、衣上的污垢，染之不惊，随时洗拂，常保洁净。

——王蒙

---

[1] 元稹（779—831），字微之，别字威明，河南洛阳人。唐朝大臣，诗人，文学家。

伟人同样有烦恼

名师导读

　　提到周恩来，我们都知道他是中华人民共和国的总理，一代伟人。但这样一位伟大的令人敬重的人，也曾经经历过学习和生活的打击和磨难，也曾经自卑、茫然、不知所措。

　　1918 年，周恩来刚刚 19 岁，他已经完成了南开中学的学业。但是因为他的理科学得不太好，那时刚刚受到升学考试失败的打击，因此他不得不前往东京，到那里先学习日语，然后为日本春夏两季的升学做准备。① 周恩来的抱负非常远大，但是一切对他来说并不顺利，那个时候的周恩来心里真是又自卑又沮丧。

　　到日本后没几天，周恩来得知自己的八伯父去世了，他很悲伤，也担心家里的情况，恨只恨自己身处日本，不能马上回家，帮助四伯父料理事情。但是反过来又想，如果不远赴日本学习，只凭一个中学的文凭，又能成就什么大事业呢？恐怕没什么可以补救的。最后，他在心

❶心理描写

　　这句话对周恩来的心理进行了描写，虽然他抱负远大，但是一切并不那么顺利，所以他的心里自卑又沮丧。

里安慰自己，既然回不去，就把家里的事情放在心里，刻苦用功，争取当年考上大学，然后才能慢慢地进步、向上，才能有报恩的那一天。而此时的自己，只需要横下心，不用管家里的事情。

然而，周恩来在日本待到第三个月的时候，由于没有人管束，他开始变得懒散起来。①1 月的日本天气寒冷，早晨他懒得起床，经常赖床到 10 点过。日记里，他发誓要把自己懒惰的毛病改掉。我们可以得知，周恩来并不是天性刚强，也不是一直以来都非常勤奋，我们所看到的伟大的周恩来，是通过后天的努力和不懈奋斗才成功的。

❶叙述
因为天气寒冷，周恩来变得懒散，早上也有赖床的时候。

1 月 23 日的晚上，周恩来夜读梁启超的书籍，读到②"十年以后当思我，举国犹狂欲语谁。世界无穷愿无尽，海天寥廓立多时"，他感动得快要哭了。他大致推算了一下，写这句诗的时候梁启超不超过 28 岁，然后他又联想到自己，他现在已经 19 岁了，却连个大学也没有考上，不禁羞愧得无地自容。那段日子里，他经常觉得自己前途渺茫，愧对自己的祖辈，尤其是对不起自己过世的爹娘。

❷引用
这句话引用了梁启超所作诗句，就是这句诗触动了周恩来的心，相仿的年纪，却有不同的学习精神。

到日本 4 个月的时候，周恩来的日文几乎没什么进步，眼看着马上要到春季的升学考试了，周恩来不禁心乱如麻。他在自己的日记里自勉道："用功呀，用功呀，时候不再给我留了。"

1918 年春天的升学考试，周恩来报考的是东京高

等师范学院，因为日文差而落榜。夏天的时候，周恩来
报考了东京第一高等学院，还是因为语言能力不足再次
名落孙山。

周恩来也有着平凡人的烦恼，但这并未阻碍他成为
中国历史上的伟人。

精华赏析

我们读了周恩来19岁的成长故事，了解他19岁的迷惘心事。其
实，青年人的内心世界如此相近，"对外，人人雄心勃勃；内心里，
人人惶惑而自卑"。在人生的某一阶段，或是在某种际遇之下，伟人
也曾有过与你我相同的焦虑、烦恼，甚至更糟的境遇。19岁的周恩来
经历了家人的离去，经历了两次升学考试的失败，但他并没有自暴自
弃，而是保持自信，坚持努力，最终成为一代伟人。从周恩来的身上，
我们可以看到，面对困难我们不应该被困难打倒，应该敢于战胜困难，
使自己变得更强大。

延伸思考

1.周恩来为什么去日本学习？

2.当周恩来读到梁启超的那句诗作时，心里是怎么想的呢？

3.了解了19岁的周恩来的成长经历，你有何感受？

相关链接

"为中华之崛起而读书！"这是周总理在少年时代发出的铮铮誓言，是14岁的周恩来在回答老师提问时说出的。那一天，正在上课的魏校长问学生们："你们为什么要读书？"学生们纷纷争先恐后地回答校长说：为做大学问家，为知书明礼，为让妈妈妹妹过上好日子，为光宗耀祖，为挣钱发财……等到周恩来发言时，他说："为中华之崛起！"魏校长听到一惊，又问了一次，周恩来又加重语气，斩钉截铁地说："为中华之崛起而读书！"周恩来的这一回答让魏校长大为赞赏。

愤　怒

朱门酒肉臭，路有冻死骨。[1]

——杜甫

老天若不随人意，不会作天莫作天！

——朱淑真

地也，你不分好歹何为地？天也，你错勘贤愚枉做天！

——关汉卿

血气沸腾之际，理智不太清醒，言行容易逾分，于人于己都不宜。

——梁实秋[2]

---

[1] 出自唐代杜甫《自京赴奉先县咏怀五百字》。

[2] 梁实秋（1903—1987），原名梁治华，字实秋，浙江杭州人，生于北京。中国现当代散文家、学者、文学批评家和翻译家。

纪渻子驯鸡

名师导读

纪渻子给周宣王驯化斗鸡，在周宣王的第三次催促下，纪渻子才说斗鸡驯化好了，可以上场比赛了。原来纪渻子驯化斗鸡的标准是让斗鸡变得沉稳、专注，不受任何外部事物的打扰，这样斗鸡才能战无不胜。

西周时代的周宣王非常喜欢观看斗鸡比赛，他的王宫养了不少斗鸡，还把专门训练斗鸡的高手纪渻子请进宫里，专门给他驯化斗鸡。

① 有一天，一个大臣给周宣王送来了一只外地的非常壮实的斗鸡，周宣王看见了，非常喜欢，于是马上让纪渻子帮他重点驯养和照顾。

没过几天，周宣王就急不可耐地召见纪渻子，问道："寡人前几天让你驯养的那只健壮的斗鸡现在驯化得如何了？我还等着看它上场，一睹它的雄风呢！"

纪渻子回答道："启禀大王，那只斗鸡的脾气实在

❶叙述

这句话叙述了一个大臣送给周宣王一只斗鸡，周宣王马上安排驯鸡高手纪渻子驯养，体现了周宣王很喜欢这只斗鸡。

212

是太浮躁了，我驯化了好几天，它还是趾高气扬的样子，现在的它不适合上场，请您再宽限我几天时间吧！"

周宣王并不懂得驯化斗鸡的方式方法，于是只好让纪渻子继续驯化它。过了几天，周宣王又把纪渻子叫到身边，问他那只斗鸡能不能上场。

纪渻子说道："大王，那只斗鸡差不多快被我驯化好了，可是当它见到别的斗鸡走上前的时候，它还是会控制不住地去啄咬它们。① 这样的话还是不太适合上场，因此我还需要一段时间。"

几天很快过去了，周宣王再也不想继续等下去，于是又把纪渻子叫了过来，他想如果这次还是不能上场，自己可要大发雷霆了。

这次纪渻子并没有要周宣王再继续等下去，他拍着胸脯说道："这次没有问题了。现在那只斗鸡面对别的斗鸡的攻击和挑衅，就好像一块木头一样，一动也不动，它现在的心态已经不受任何环境和对手的影响了。因此现在上场，可以战胜一切对手。"

② 周宣王听了纪渻子的话，欣喜若狂，于是他马上组织起了斗鸡比赛，并找来了都城里战绩显著的斗鸡，想看看自己看中的这只斗鸡能不能做到所向披靡、战无不胜。

比赛的时候，那只斗鸡稳重地站在场上，无论多么骁勇善战的对手，无论对手怎么挑衅、叫嚣，它都一动不动，两只眼睛一直直勾勾地盯住对方，它一直在寻找机会，然后迅速发动攻击，最后做到一击制胜。

❶语言描写

这句话对纪渻子的语言进行了描写，体现了要想获得胜利，就需要长时间的训练，急于求成是万万不行的。

❷动作描写

周宣王迫不及待地组织起了斗鸡比赛，想要看一看这只斗鸡的战斗力如何，说明周宣王真的很喜欢斗鸡。

精华赏析

纪渻子认为斗鸡轻躁易败。我们在遇到问题和处理事情时，要戒浮躁骄傲，不要急于表现自己，而是要沉着冷静，处变不惊。无论做什么事情，心态很重要。如果你的心态是急躁的，那么你做事就很难成功。在面对困难和对手的时候，要去除浮躁之气，保持沉稳、专注，才能做出正确的决定，找到取得成功的方法。

延伸思考

1.周宣王喜欢斗鸡吗？

2.刚开始时，这只斗鸡为什么不适合上场打斗？

3.这只斗鸡经过训练，最后取胜了吗？

相关链接

周宣王（？—前782），姬姓，名靖（一作"静"），周厉王之子，西周第十一代君主。周宣王继位后，政治上任用召穆公、尹吉甫、仲山甫、程伯休父、虢文公、申伯、韩侯、显父、仍叔、张仲一帮贤臣辅佐朝政；军事上借助诸侯之力，任用南仲、召穆公、尹吉甫、方叔陆续讨伐猃狁、西戎、淮夷、徐戎，使西周的国力得到短暂恢复，史称"宣王中兴"。晚年时，他独断专行、不纳忠言、滥杀大臣，"宣王中兴"遂成昙花一现，也为西周在周幽王时期的灭亡埋下伏笔。

激 情

石可破也，而不可夺坚；丹可磨也，而不可夺赤。

——《吕氏春秋》

天变不足畏，祖宗不足法，人言不足恤。

——王安石

凡能办大事，复大仇，成大业者，皆有热力为之。

——康有为

名誉、金钱、爱情什么都可以没有，但我只要有一颗为一切世俗所跳跃的心就够了。

——沈从文

把生命浓缩于尽情地冲刺

名师导读

　　他是一个残疾人，即使他毕业于台湾大学，仍然没有公司愿意聘用他。深受打击的他不服输，在做翻译的日子里，他抓住每一个学习的机会，努力提升自己，靠自己的勤奋，最终取得了成功。他是谁？我们一起来了解他的故事。

　　他于 1956 年出生在韩国华侨的一个普通家庭里，他的出生令所有的家人欢呼雀跃，可没过多久他出生的喜悦被一个令人悲伤的消息打破，医生告诉他的家人，他得了小儿麻痹症。<u>①那个时代，腿脚不好的人只能做一些刻印章、按摩、修表等不用走来走去的静态的工作。</u>可是他并不这么认为，他偏偏要做一些扭转人们固有认知的事情。

　　1978 年，他从台湾大学商学系毕业开始找工作了。现实非常残酷，他渐渐地发现，残疾人在台湾想要找到一份工作实在是太难了。其中有两次，对方听说他是台

❶背景说明………
　　那个时代腿脚不好的人，适合做一些不需要过多运动的工作，规避行动上的不方便。

湾大学商学系的都十分高兴，可是一见到他残疾的身体却变成了一副冷漠的面孔。

无奈之下，他和朋友一起开了一家公司，可是维持了不足三个月就破产了，因此他还欠了别人好多钱，每天过着有了上顿没有下顿的日子。他变了，不再像以前那样天真了。① 他向现实低头了，找了一份被定义为静态的工作，在出版行业做了一名翻译。

刚做翻译的那段时间，公司聘请了一个哈佛大学的顾问，有着极高的英语水平。他为了把自己的翻译工作做好，经常向这位顾问请教。② 每天他都和这个顾问进行密集的沟通，这一沟通就沟通了两年，他在这两年里学到了很多知识，此时他已经把英语变成自己脑子里的东西了。后来，出版社的老板要办一本新的杂志，于是他开始阅读大量的英文杂志，每个月他都要读 50 本以上的杂志，各种主题的都有，这大大开阔了他的眼界。梁启超的一句名言他非常喜欢：以今日之我胜昨日之我，以明日之我胜今日之我。③ 在出版社工作的日子里，他深深地体会到了这句名言的含义。

1989 年，他的事业逐渐进入佳境，可是此时他的脊椎却严重变形扭曲，这表示他没有多少时日了。看着片子里自己的脊椎，他感到茫然不知所措。医生建议他，最好辞职回家，不要再做一些伏案的工作了，因为那样会导致脊椎的创伤进一步地恶化。

❶叙述
这句话叙述了公司破产后，他不得不向现实低头，人只有反思才会不断成长，这次挫败让他成长了。

❷强调
"每天""密集地""两年"强调了他经常向顾问请教，突出了他的勤奋、好学以及持之以恒的精神。

❸总结
这句话是对本段的总结，他每天都在超越自己，他努力地工作，以至于他的事业逐渐进入了佳境。

他独自来到夏威夷的一座小岛上，在岛上没住多长时间他就待不下去了。为了多活一段时日而回家做静态的事情，还是继续现在的工作，等着脊椎承受不了而死去？① 他考虑了一个星期的时间，最后选择了继续现在的工作。他说："与其为了多活几年而限制生命，还不如把生命浓缩于尽情地冲刺。"

从那之后，他开始拼命工作，他深厚的英语功底和丰富的英语知识使他拥有巨大的优势，他负责出版的名为《EQ》的书籍一出版就销售了70万册，在当地引起了一股"EQ"热潮，后来关于"EQ"的出版物竟然达到了二百多种。另外，他还率先出版了村上春树、米兰·昆德拉、卡尔维诺等著名的外国作家的作品，建立了本土漫画发表专栏，使朱德庸、蔡志忠、敖幼祥、郑问、陈弘耀、幾米等人声名远播。他独立提出和策划的一本名叫《脑筋急转弯》的漫画书创下了600万册的销售纪录，又掀起了一股"脑筋急转弯"的热潮。② 他自己也从之前的翻译成长为编辑，后来又当了主编、总编，最后成为一家文化公司的老板。

③ 他的名字叫郝明义，是台湾最有魅力的文化出版人之一。

① 过渡句
这句话在文中起着承上启下的作用。通过一个星期的考虑，他最后决定继续工作，在有限的时间里做自己喜欢的事情。

② 叙述
这句话叙述了他一路成长进步，直到当上老板，他的努力值得我们学习和赞扬。

③ 揭开悬念
文章最后才点出他是谁，吊足了读者的阅读兴趣。

218

精华赏析

身有残疾的郝明义，在经历了找工作的艰辛和开公司的失败之后向现实低头了，但是他并没有认输。他为了把自己的工作做好，在岗位上发出光来，"把生命浓缩于尽情地冲刺"，靠着自己的勤奋和努力，把自己的工作做得有声有色。

延伸思考

1.郝明义为什么向现实低头？

2.郝明义生病以后，又做了何种选择？

3.谁是台湾最有魅力的文化出版人之一？

相关链接

梁启超（1873—1929），字卓如。清朝光绪年间举人，中国近代思想家、政治家、教育家、史学家、文学家。"戊戌变法"领袖之一、中国近代维新派代表人物。

阅读总结

名家心得

名言警句是众多人物个人智慧的精华，所以没有单一的作者。这些作者通过自己的经验和实践得出的结论和建议，得到广大群众的认叼，是经过广大劳动人民实践的结晶。

这本书里有贴近生活的名言和故事，蕴含着丰富的哲理。文字语言通俗易懂，动之以情，晓之以理。字里行间述说着做人做事的道理，是一本值得阅读的好书。

读者感悟

读完这本书，如沐春风，心中豁然开朗，书中的每句话都告诉我们做人、做事的道理，更让我们坚信只要心中充满爱，世界到处是阳光。做一个善良、正直的少年吧，那样我们将无悔青春！

　　时间的流逝是很快的，我们唯有珍惜时间，唯有从时间淬炼出的智慧中学习经验，才能不负今日，不负青春。就像陶渊明说的："盛年不重来，一日难再晨。及时当勉励，岁月不待人。"面对易逝的时间，面对成长需要迎接的挑战，我们应该抓紧时间，从这些名人名言的智慧和经验中汲取力量，成为一个有能力的人。

阅读拓展

　　名言和格言的区别：名言警句是指一些名人或普通人说的、写的，历史记录的，经过实践所得出的结论或建议，以及比较有名的警世的言语。名言警句易于流传，是浓缩的精华。格言是一个人机智之精华，众人汇成的睿智。聪明人的智慧，老年人的经验，都属于格言的范畴。格言可以作为人们的行为规范，指导人们的言行。从句法结构角度说，格言是相对完整、相对独立的句子，可以独立用来表达思想。

真题演练

1. "曾子立信杀猪"告诉我们一个什么道理呢？

2. 顾恺之有"三绝"，是哪"三绝"呢？

3. 谁被世人誉为"平民诗人"？

答案

1. 做人要言而有信。

2. 画绝、才绝和痴绝。

3. 白居易。

爱阅读课程化丛书／快乐读书吧

外国经典文学馆

序号	作品	序号	作品	序号	作品
1	七色花	31	格列佛游记	61	好兵帅克历险记
2	愿望的实现	32	我是猫	62	吹牛大王历险记
3	格林童话	33	父与子	63	哈克贝利·费恩历险记
4	安徒生童话	34	地球的故事	64	苦儿流浪记
5	伊索寓言	35	森林报	65	青 鸟
6	克雷洛夫寓言	36	骑鹅旅行记	66	柳林风声
7	拉封丹寓言	37	老人与海	67	百万英镑
8	十万个为什么（伊林版）	38	八十天环游地球	68	马克·吐温短篇小说选
9	希腊神话	39	西顿动物故事集	69	欧·亨利短篇小说选
10	世界经典神话与传说	40	假如给我三天光明	70	莫泊桑短篇小说选
11	非洲民间故事	41	在人间	71	培根随笔
12	欧洲民间故事	42	我的大学	72	唐·吉诃德
13	一千零一夜	43	草原上的小木屋	73	哈姆莱特
14	列那狐的故事	44	福尔摩斯探案集	74	双城记
15	爱的教育	45	绿山墙的安妮	75	大卫·科波菲尔
16	童 年	46	格兰特船长的儿女	76	母 亲
17	汤姆·索亚历险记	47	汤姆叔叔的小屋	77	茶花女
18	鲁滨逊漂流记	48	少年维特之烦恼	78	雾都孤儿
19	尼尔斯骑鹅旅行记	49	小王子	79	世界上下五千年
20	爱丽丝漫游奇境记	50	小鹿斑比	80	神秘岛
21	海底两万里	51	彼得·潘	81	金银岛
22	猎人笔记	52	最后一课	82	野性的呼唤
23	昆虫记	53	365 夜故事	83	狼孩传奇
24	寂静的春天	54	天方夜谭	84	人类群星闪耀时
25	钢铁是怎样炼成的	55	绿野仙踪	85	动物素描
26	名人传	56	王尔德童话	86	人类的故事
27	简·爱	57	捣蛋鬼日记	87	新月集
28	契诃夫短篇小说选	58	巨人的花园	88	飞鸟集
29	居里夫人传	59	木偶奇遇记	89	海的女儿
30	泰戈尔诗选	60	王子与贫儿		陆续出版中……

中国古典文学馆

序号	作品	序号	作品	序号	作品
1	红楼梦	12	镜花缘	23	中华上下五千年
2	水浒传	13	儒林外史	24	二十四节气故事
3	三国演义	14	世说新语	25	中国历史人物故事
4	西游记	15	聊斋志异	26	苏东坡传
5	中国古代寓言故事	16	唐诗三百首	27	史 记
6	中国古代神话故事	17	小学生必背古诗词 70+80 首	28	中国通史

7	中国民间故事	18	初中生必背古诗文	29	资治通鉴
8	中国民俗故事	19	论 语	30	孙子兵法
9	中国历史故事	20	庄 子	31	三十六计
10	中国传统节日故事	21	孟 子	**陆续出版中……**	
11	山海经	22	成语故事		

中国现当代文学馆

序号	作品	序号	作品	序号	作品
1	一只想飞的猫	36	高士其童话故事精选	71	大奖章
2	小狗的小房子	37	雷锋的故事	72	半半的半个童话
3	"歪脑袋"木头桩	38	中外名人故事	73	会走路的大树
4	神笔马良	39	科学家的故事	74	秃秃大王
5	小鲤鱼跳龙门	40	数学家的故事	75	罗文应的故事
6	稻草人	41	从文自传	76	小溪流的歌
7	中国的十万个为什么	42	小贝流浪记	77	南南和胡子伯伯
8	人类起源的演化过程	43	谈美书简	78	寒假的一天
9	看看我们的地球	44	女 神	79	古代英雄的石像
10	灰尘的旅行	45	陶奇的暑期日记	80	东郭先生和狼
11	小英雄雨来	46	长 河	81	红鬼脸壳
12	朝花夕拾	47	丁丁的一次奇怪旅行	82	赤色小子
13	骆驼祥子	48	小仆人	83	阿Q正传
14	湘行散记	49	旅 伴	84	故 乡
15	给青年的十二封信	50	王子和渔夫的故事	85	孔乙己
16	艾青诗选集	51	新同学	86	故事新编
17	狐狸打猎人	52	野葡萄	87	狂人日记
18	大林和小林	53	会唱歌的画像	88	彷 徨
19	宝葫芦的秘密	54	鸟孩儿	89	野 草
20	朝花夕拾·呐喊	55	云中奇梦	90	祝 福
21	小布头奇遇记	56	中华名言警句	91	北京的春节
22	"下次开船"港	57	中国古今寓言	92	济南的冬天
23	呼兰河传	58	雷锋日记	93	草 原
24	子 夜	59	革命烈士诗抄	94	母 鸡
25	茶 馆	60	小坡的生日	95	猫
26	城南旧事	61	汉字故事	96	匆 匆
27	鲁迅杂文集	62	中华智慧故事	97	落花生
28	边 城	63	严文井童话故事精选	98	少年中国说
29	小桔灯	64	仰望第一面五星红旗升起	99	可爱的中国
30	寄小读者	65	徐志摩诗歌	100	经典常谈
31	繁星·春水	66	徐志摩散文集	101	谁是最可爱的人
32	爷爷的爷爷哪里来	67	四世同堂	102	祖父的园子
33	细菌世界历险记	68	怪老头	**陆续出版中……**	
34	荷塘月色	69	从百草园到三味书屋		
35	中国兔子德国草	70	背 影		